Herausgeber
Hermann Flake

Die Bibel und ich – so fanden wir uns

Bekannte Persönlichkeiten berichten

Taschenbibelbund
für Deutschland

Hänssler-Verlag
Neuhausen-Stuttgart

CIP-Kurztitelaufnahme der Deutschen Bibliothek

Die Bibel und ich: bekannte Persönlichkeiten berichten / Taschenbibelbund für Deutschland. Hrsg. Hermann Flake. – Neuhausen-Stuttgart: Hänssler, 1983.
(Edition C: T, Taschenbuch; 74)
ISBN 3-7751-0843-2

NE: Flake, Hermann [Hrsg.]; Taschenbibelbund für Deutschland; Edition C/T
ISBN 3-7751-0843-2

EDITION C-Taschenbuch, T 74

Umschlaggestaltung: Daniel Dolmetsch
Gesamtherstellung: Ebner Ulm

Inhalt

Vorwort

Der Taschenbibelbund für Deutschland, Mitglied der Deutschen Bibelgesellschaft und des Deutschen Verbandes für Gemeinschaftspflege und Evangelisation – Gnadauer Verband – hat es sich zur Aufgabe gemacht, seine Mitglieder zu ermuntern, täglich einen Abschnitt aus der Bibel zu lesen, stets ein Neues Testament oder einen Bibelteil bei sich zu führen und sich aktiv an der Verbreitung der Bibel zu beteiligen. Das Weitergeben der Bibel aber ist immer verbunden mit dem persönlichen Zeugnis, daß man selber Christ ist und zu dem steht, was man weiterreicht.

In dem vorliegenden Band schildern Männer aus Kirche, Gemeinschaftsbewegung und Allianz ihr persönliches Verhältnis zur Bibel.

Die Sammlung ist auf Grund der immer wieder, meist von jungen Menschen gestellten Frage entstanden: »Wie sieht es praktisch aus, wenn ein Mensch die Bibel entdeckt als das Buch der Bücher? Welchen Platz nimmt die Bibel im Leben eines glaubenden Menschen ein?«

Hier geht es nicht in erster Linie um eine »Theologie«, um eine »Lehre vom Worte Gottes«. Darüber werden viele Bücher geschrieben. Es ist wichtig, daß darüber nachgedacht wird. Hier aber geben Menschen, die mit der Bibel leben und der Bibel ihre Lebenskraft weihen, ein Zeugnis ab, wie ihnen dieses Buch der Bücher begegnet ist und wie sie persönlich mit ihm leben.

So unterschiedlich die Berichte geprägt sind – bedingt durch die Führungen im Leben und Glauben jedes einzelnen – eins wird deutlich: Wo das Hören auf die Schrift und die persönliche Beugung unter die Autorität dieses Wortes geschieht, findet alle »Polarisation« ein Ende. Es zeigt sich, daß die Heilige Schrift da, wo ihr Raum gegeben wird, auch in unserer immer verwirrender werdenden Zeit die eine kraftvolle Mitte ist, die Christen verschiedener Prägungen miteinander verbindet.

Hermann Flake

Ulrich Betz

Jahrgang 1939 – 1959–1964 Studium der evang. Theologie – 1964 Promotion in evang. Theologie – bis 1966 Pastor der Freien evang. Gemeinde Bochum – von 1966–1972 Dozent für Altes Testament am Predigerseminar des Bundes Freier evang. Gemeinden – 1972–1977 Pastor der Freien evang. Gemeinde Düsseldorf – seitdem Gemeindeleiter der Freien evang. Gemeinde Hamburg, Niedersachsen und Schleswig-Holstein – Mitarbeiter in Leitungsgremien verschiedener christlicher Werke.

Erfahrungen mit der Bibel

Im 8. Kapitel der Apostelgeschichte finden wir einen bemerkenswerten Bericht. Da ist ein hoher königlicher Beamter auf der Heimreise von Jerusalem in seine Heimat Äthiopien. Er beschäftigt sich intensiv mit einer besonderen Reiselektüre, nämlich mit einer Rolle des Prophetenbuches Jesaja. Er liest und liest, aber er versteht nicht, was er liest. Daß dies so ist, wird erkennbar, als der Missionar Philippus seinen Weg kreuzt und ihn genau danach fragt: »Verstehst du auch, was du da liest?« Die Antwort lautet: »Wie kann ich das, wenn mich niemand dazu anleitet.«

Ich habe den Eindruck, daß es nicht wenigen Leuten heute

ganz ähnlich geht. Man hat ihnen sehr ernsthaft geraten, täglich in der Bibel zu lesen. Ohne dieses tägliche Bibelstudium könne es kein Wachstum im Glauben geben, das christliche Leben würde kraftlos sein und sich rückwärts entwickeln. Und so fangen sie denn an zu lesen. Und sie machen ganz bestimmte Erfahrungen. Manchmal redet das Bibelwort ganz direkt zu ihnen, aber manchmal ist es auch ganz anders. Man könnte es auch so sagen: Gelegentlich hören sie Gott reden, oft aber auch nicht. Und dann geschieht auch noch anderes. Sie finden vom gelesenen Bibelwort her keinen Bezug zu ihrem Leben, und irgendwann wird ihnen das Bibelstudium zur Pflichtübung. Darüber verlieren viele die Freude am Wort Gottes und stellen das regelmäßige Lesen der Schrift ein. Ich meine, daß dies ein Fehler ist. Und ich will auch begründen, warum ich darin einen Fehler sehe. Vielleicht – das hoffe ich – geschieht in dieser Begründung auch ein Stückchen weit jene Anleitung, die der Beamte aus Äthiopien damals brauchte, und die ihm Philippus für seine Lage geben konnte.

Aus mancherlei Erfahrungen bin ich nämlich der festen Überzeugung, daß es beim Umgang mit der Bibel keinesfalls nur um das aktuelle, konkrete, direkte Hören im jeweiligen Augenblick geht. Ich meine, daß es auch um das Aufnehmen dieses Schatzes göttlicher Offenbarung geht. Um es ganz banal zu sagen: Es geht um das Speichern des biblischen Wortes in meinem Gedächtnis, um eine Art von Vorratsbildung. Denn einen solchen Vorrat zu haben kann sich in mancher Lebenslage als ausgesprochen lebenswichtig erweisen. Und dazu möchte ich Ihnen ein Beispiel aus meinem eigenen Leben erzählen:

Vor einigen Jahren hatte ich einen schweren Verkehrsunfall. Durch das geöffnete Seitenfenster meines Wagens war eine Wespe in das Fahrzeug hereingeflogen. Sie irritierte mich beim Fahren sehr stark. Ich ließ mich dazu verleiten, nach ihr zu schlagen. Dabei versteuerte ich das Fahrzeug und geriet in den Straßengraben. Ich schlug gegen eine diesen Graben überquerende kleine Bohlenbrücke. Das Fahrzeug überschlug sich dann und stürzte den Abhang hinunter in einen Bach und lief voll Wasser. Durch das eindringende Wasser wurde ich aus der Bewußtlosigkeit, in die ich gefallen war, wieder geweckt. Ich versuchte, mich aus dem zerstörten Fahrzeug zu befreien. Das gelang schließlich auch. Vielleicht denken Sie nun, daß es mir gut angestanden hätte, am Straßenrand niederzuknien und Gott darüber zu danken, daß alles doch noch so glimpflich abgelaufen sei. Aber das konnte ich in dieser Stunde nicht. Mich erfüllten ganz andere Gedanken. Gedanken des Zorns und der Bitterkeit. Der Grund für diese bitteren Empfindungen lag schlicht und einfach in der Tatsache begraben, daß ich dieses Auto, das nun zerstört im Bach lag, erst einige Wochen zuvor auf Kredit gekauft und es versäumt hatte, eine Vollkaskoversicherung dafür abzuschließen. Damals war zudem aufgrund eines sehr kostspieligen Umzuges und des kurz bevorstehenden Familienzuwachses für mich die finanzielle Lage ausgesprochen eng – und dann noch die zusätzliche Belastung mit der Schuldendeckung für einen Totalschaden. Nein, ich war wirklich unzufrieden mit der Führung Gottes in meinem Leben. Warum ließ er mir dies ausgerechnet jetzt, wo alles so eng und knapp war, zustoßen? Dies waren auch meine Gedanken in der Nacht, die dem Unfalltag folgte. Immer wieder erlebte ich den Unfall noch einmal nach, und immer wieder waren da die bedrängenden und auch die anklagenden Fragen. Doch dann ereignete sich plötzlich ein totaler Wandel. Ein Wandel, den ich nur als ein Wunder bezeichnen kann, ein Wunder der göttlichen Barmherzigkeit. Und dieses Wunder hatte mit dem biblischen Wort zu tun, mit *dem* biblischen Wort, das als Vorrat viele Jahre vorher in meinem Gedächtnis eingelagert worden war. Mitten hinein in mein Denken und Mit-Gott-Streiten klang auf einmal ganz stark ein Satz aus dem 73. Psalm auf (ich wußte in dieser Lage gar nicht mehr, daß dieses Wort aus dem 73. Psalm stammte, aber das Wort selber redete): »Dennoch bleibe ich stets an dir, denn du hältst mich bei meiner rechten Hand, du leitest mich nach deinem Rat.« Dieser Vertrauensaussage, diesem Glaubensbekenntnis mußte ich mich nun einfach stellen. Es war ja da, mitten in meinen

Gedanken und Gefühlen. Aber diese widerstreitenden Gedanken ließen sich so schnell vom Worte Gottes nicht beiseite schieben. Erneut verfiel ich ins Grübeln und Sorgen. Das Wort Gottes jedoch ließ sich nicht verdrängen. Es redete und redete. Und als der Morgen graute, war ich mit meinem ganzen Herzen wieder im Frieden Gottes. Und ich konnte ihm danken, danken dafür, daß er mir das Leben erhalten hatte. Danken dafür, daß er mich richtig führt und daß alle meine Fragen und Sorgen bei ihm gut aufgehoben sein würden. Mich hat das seitdem immer wieder beschäftigt. Denn hier wird etwas erkennbar von den Wirkungen des biblischen Wortes, das wir in uns aufgenommen haben, oft Wochen oder gar Jahre später. Damals nach dem Unfall habe ich mich gefragt, wann sich mir diese Sätze aus dem 73. Psalm eingeprägt hatten. Und ich stellte fest, daß dies wohl in der Zeit der biblischen Unterweisung in der Gemeinde gewesen sein muß, also rund 15 Jahre vorher. Mein Schluß daraus lautet: Der tägliche Umgang mit der Bibel ist und bleibt lebensnotwendig. Er ist auch dann nicht fruchtlos, langweilig oder gar unergiebig, wenn das Wort Gottes einmal oder zweimal oder eine ganze Woche lang nicht unmittelbar zu mir spricht. Für mein persönliches Gottesverhältnis waren gerade Erfahrungen wie die geschilderte von ganz großer Bedeutung.

Hans Brandenburg

Geboren 1895 in Riga – als Student der Theologie auf der Reise in Berlin vom Krieg überrascht – Kontakt mit der Berliner Stadtmission – Fortsetzung des Studiums an der Theologischen Schule in Bethel – zwischenzeitlich Mitarbeit in den Anstalten Bethels, CVJM-Sekretär in Bielefeld – Fortsetzung des Studiums in Tübingen, Rostock und Münster – Mitglied der Deutschen christlichen Studentenvereinigung – drei Semester als Dozent an der Theologischen Schule in Bethel – Pastor an der Matthäi-Kirche in Lübeck – Missionsinspektor bei der Berliner Stadtmission – ab 1934 Pfarrer am Diakonissenhaus »Salem« in Berlin-Lichtenrade – Wehrdienst – Gefangenschaft – Missionsinspektor beim Missionsbund »Licht im Osten« – seit 1965 im Ruhestand – weiterhin tätig als Schriftsteller und Evangelist.

Wie wir einander fanden – die Bibel und ich

1. In der Kindheit

Vor mir liegt ein altes Büchlein. Ich fand es vor Jahren in einem Antiquariat und kaufte es als einen alten Freund aus der Zeit vor 80 Jahren. Es ist die 16. Auflage und heißt: »Wie ich meinen Kleinen die biblischen Geschichten erzähle« von Franz Wiedemann. Es trägt ein recht altmodisches Gewand und ist kaum etwas für die heutige Jugend. Aber wenn ich hier vom »lieben Gott« und vom »Herrn Jesus« lese, höre ich die Stimme meiner lieben Mutter. Ich muß vier oder fünf Jahre alt gewesen sein, als sie mir aus diesem Buch vorlas. Ich liebte es sehr. Die Bilder von Schnorr von Carolsfeld fehlen natürlich nicht. Es war mir immer sehr feierlich, wenn Mutter sich Zeit nahm zum Vorlesen aus diesem Buch.

Das war meine erste Berührung mit dem Inhalt der Bibel. Leider blieb sie für fast eineinhalb Jahrzehnte die letzte. Eine aufgeschlagene Bibel habe ich in meinem Elternhaus, das mir eine so glückliche Kindheit schenkte, nicht gesehen. Es war im Elternhaus nicht Brauch, in der Bibel zu lesen. Das war gewiß ein ernster Mangel. Man war sehr konservativ, und die Bibel hatte offenbar auch in den großelterlichen Häusern nicht zur Lektüre gehört, obwohl man sich bewußt zur Kirche hielt. Insgesamt war die zweite Hälfte des vergangenen Jahrhunderts arm an Impulsen, die zur Bibel hinführten.

2. Ein Student der Theologie ohne Jesus

Ich studierte Theologie wie einer, der sich krank fühlt und darum Medizin studiert. Begegnungen mit der Bibel außerhalb des Hauses waren mir je und dann geschenkt worden. Als Zehnjähriger besuchte ich kurze Zeit den Kindergottesdienst in Berlin-Grunewald. Wir waren damals auf der Flucht vor der ersten Revolution in der baltischen Heimat nach Berlin gekommen. Pfarrer Priebe, der Grunewald-Pfarrer, empfahl, für jedes Kind ein Taschentestament zu kaufen. Ich besitze es noch. Meine Mutter schrieb damals meinen Namen auf das erste Blatt. Doch es blieb ungelesen. Als ich mit sechzehn Jahren in der baltischen Heimat konfirmiert wurde, bekam ich von den Eltern eine teure Prachtbibel, mit Goldschnitt und herrlich geprägtem Einband. Sie hätte meine erste Altarbibel werden können, wenn nicht das Ende des Ersten Weltkrieges mich meiner kleinen Bibliothek beraubt hätte. Nur selten habe ich in ihr geblättert. Aber als ich nach dem zweiten Studiensemester meinen ernstlich erkrankten Vater nach Kopenhagen zur Operation begleitete, kaufte ich auf der Durchreise in Berlin in der berühmten Nikolaischen Buchhandlung ganz heimlich ein Neues Testament. Bald brach der Krieg aus, und instinktiv fühlte ich, daß hier eine Hilfe für mich sein könnte. Unsere Familie wurde zerstreut, ich blieb bald allein in der Fremde. Doch das Buch blieb stumm.

3. Die Wende – der Brief Gottes

Gott griff mit seiner starken Hand in mein Leben. Im Sommer 1915 war es endlich soweit, daß ich den törichten Ungehorsam und Hochmut, der mich ins Verderben geführt hätte, aufgab. Jesus trat in mein Leben und nahm mich mit allem, was ich war und besaß, in Beschlag. Eine bisher unbekannte Welt ging mir auf. Jene ersten Wochen und Monate des neuen Lebens im Glauben blieben mir unvergeßlich. Nun bekam die Bibel – vor allem das kleine Neue Testament in Taschenformat – eine ungeahnte Bedeutung und Kraft. Die Bibel weckte mein brennendes Interesse, ohne daß ich viel darauf aufmerksam gemacht worden war. Was ich bisher nur schattenhaft kannte, bekam größte Aktualität. Gott hatte angefangen, mit mir zu reden. Die Bibel wurde zu einem lebendigen Brief Gottes an mich. Jede freie Minute des Tages hielt ich das kleine Testament in meiner Hand und las und las. Voll Spannung und Freude. Die weiten Berliner Stadtfahrten, ob in der Straßenbahn, Stadtbahn oder U-Bahn, wurden eifrig genutzt. Und wenn ich im Gedränge auf der Plattform stand, so hielt ich das Büchlein in der Hand und las mit offenem Herzen. Auch das Alte Testament interessierte mich nun brennend, war es doch ein Wort aus dem Buch des Jesaja, das die Initialzündung meines Glaubens bewirkte: »Fürchte dich nicht, ich habe dich erlöst, ich habe dich mit deinem Namen gerufen; du bist mein« (Jes 41,1). Ich hätte das Wort in der Bibel nicht finden können, hatte es offenbar aber in einem Wochenschlußgottesdienst in der Dreifaltigkeitskirche, der alten Schleiermacherkirche, vorgelesen bekommen. Keine hohe theologische Wissenschaft, erst recht keine historische Kritik redete hier herein. Ich hörte und las auch nicht viel Erklärungen. Es war alles wie herrlich kühles Quellwasser, das meinen Durst stillte.

4. Studium und Erfahrung im Dienst

Wie ging es weiter? Es gab seitdem keine Zeit in meinem Leben, in dem die Bibel nicht meine Wege begleitete. Das kleine Testament blieb in meiner Tasche. Es hat viele Nachfolger gefunden, denn in meinem reichlich unruhigen Leben gingen viele Bücher, selbst Bibeln, unwiederbringlich verloren.

Bald nach jener einschneidenden Wende in meinem Leben wurde ich sehr gegen meinen Willen zum Dienst an der Bibel gerufen. Zuerst gewiß in kleinstem Kreise. Worüber sollte ich sprechen? Der Text war mir freigestellt. Ich wählte das Wort vom Ende des sechsten Kapitels des Johannesevangeliums: »Herr, wohin sollen wir gehen? Du hast Worte des ewigen Lebens, und wir haben geglaubt und erkannt, daß du bist Christus, der Sohn des lebendigen Gottes.« Wie ungeschickt mag ich damals gesprochen haben! Obwohl ich alles fein säuberlich aufgeschrieben hatte und beim Spazierengehen im Steglitzer Stadtpark alles wortwörtlich auswendig lernte. Seltsamerweise ist diese Niederschrift erhalten geblieben. Der Stil ist unbeholfen. Aber zum Inhalt stehe ich noch heute und habe kaum Neues zu sagen. Es war die große Freude an Jesus, an seiner Vergebung und an seinem lebendigen Wort. Und dann folgten viele Dienste: Jugendstunden, Kinderstunden, Stunden im CVJM oder vor den Kommilitonen in der Deutschen Christlichen Studentenvereinigung (DCSV). Als die Studentenzeit zu Ende war, hatte der Vikar oder der Studentensekretär und Mitarbeiter in Bethel bei Bielefeld nie auch nur eine Woche, in der er nicht die Bibel vor andern aufschlug und daraus las und zu erklären suchte. Erst recht als Gemeindepastor in Lübeck, als Stadtmissionsinspektor in Neukölln oder als Diakonissenpfarrer in Lichtenrade. Es gibt kaum eine Zeile des Neuen Testamentes, das ich nicht mit andern gelesen hätte, sei es im Schülerbibelkreis oder im »Edelweiß« – mit den weißhaarigen Alten. Dankbar denke ich an die Gemeindebibelstunden in St. Matthäi in Lübeck, die zu einem Wochengottesdienst wurden, weil die bis zu dreihundert Zuhörer nicht in den kleinen Konfirmandensaal hineinpaßten. Psalmen und Evangelien und Apostelbriefe haben wir Vers für Vers im Zusammenhang gelesen. Nicht anders war es im Diakonissenhaus. Fast am schönsten war es zehn Jahre hindurch im größten Zuchthaus Deutschlands, wo ich fast monatlich außer der Sonntagspredigt zwei Bibelstundenkreise der Gefangenen hatte, an denen bis zu fünfzig Gefangene und mehr freiwillig teilnahmen. Das waren richtige Bibelleseübungen, da jeder von ihnen seine Bibel in der Zelle hatte.

5. Soldatenzeit und Gefangenschaft

Ja, am Schluß des Krieges schmeckte ich nun selbst, was es heißt, gefangen zu sein. Schon in der Soldatenzeit hatte ich meinen wöchentlichen Bibelkreis. Evangelische und Katholiken, Landeskirchliche und Freikirchliche lasen miteinander jede Woche die Bibel, nachdem mir einer der Kameraden die Bitte nach einer solchen Einrichtung vorgelegt hatte. Hinter dem Stacheldraht allerdings, wo ich vor Kälte kaum die Finger rühren konnte oder der Hunger alle Energie lähmte, dauerte es eine Weile, bis ich der Bitte nach biblischen Vorträgen folgte. Dann aber sammelte sich bald ein Kreis von mehreren hundert gefangenen Offizieren, die Abend für Abend fast eine Stunde aus der Bibel hörten. Ich war oft so erschöpft, daß ich nach solch einer Stunde fast ohnmächtig liegenblieb. Und doch hat sich gerade in der Hungerzeit das Wort Gottes in seiner dynamischen Kraft erwiesen. »Dein Wort war meine Speise, da ich's empfing« – was Jeremia bezeugt, erfuhren wir buchstäblich: über der Bibel verstummte der Hunger.

6. Ich habe viel zu danken

Ich habe denen zu danken, die mich auf die Bibel wiesen. Im Anfang Missionsinspektor Flemming in Berlin. Dann die Theologische Schule in Bethel und die Neustädtische Kirchengemeinde in Bielefeld mit seinen beiden Pastoren Walter Michaelis und Wilhelm Kuhlo. Bei ihnen lernte ich, den Gymnasiasten die Bibel lieb zu machen. Vor allem aber gilt mein unauslöschlicher Dank Professor Adolf Schlatter in Tübingen, der uns Studenten das Leben der Bibel reich machte. Seine »Erläuterungen zum Neuen Testament« haben mich jahrzehntelang bei allen Vorbereitungen auf Predigten und Bibelstunden begleitet. Als ich meine erste Predigt Herrn Professor Paul Wurster vorlegte, unterzog er sie einer vernichtenden Kritik und sagte schließlich: »Ich rate Ihnen, die Stunden unserer Bauern auf der Schwäbischen Alb zu besuchen. Vielleicht lernen Sie bei ihnen, wie man mit der Bibel umgeht.« Seinen Rat habe ich fleißig befolgt. Ich lernte die Altpietisten kennen und die Anhänger Michael Hahns, selbst die Pregizerianer, geschweige die neupietistischen Gemeinschaften Liebenzells und der Süddeutschen Vereinigung. Im Rheinland lernte ich Tersteegenianer kennen und auch die Stillen im Lande im Oberbergischen. Mit den Jahren wurde ich Gastredner auf fast allen norddeutschen Gemeinschaftskonferenzen. In allen diesen Kreisen war ich stets auch der Lernende. Einen Namen will ich noch nennen. Als ich gegen Ende des Krieges im schwäbischen Lager Münsingen als Soldat lag, lernte ich den Leiter der dortigen Hahnschen Gemeinschaft, den Lehrer Friedrich Mayer, kennen, einen sehr selbständigen theologischen Kopf. Er war ein hervorragender Kenner Luthers, verehrte Søren Kierkegaard und kannte alle schwäbischen Väter: Johann Albrecht Bengel, Friedrich Oettinger und Philipp Matthäus Hahn, den Vater der Altpietisten; ein systematischer Kopf, dessen Bußernst und Glaube mich tief beeindruckte.

So blieb ich ein Schüler der Bibel.

Paul Deitenbeck

Jahrgang 1912 – gläubiges Elternhaus – Theologiestudium in Münster, Tübingen und Berlin – 1932 Glaubensentscheidung in Tübingen – Vikariate bei Pastor Walther Baudert, dem späteren Bischof der Herrnhuter Brüdergemeine, und bei Pfr. Erich Schnepel in der Berliner Stadtmission bis 1939 – Ende 1941 Pastor für Innere Mission und Jugendarbeit in Bielefeld – Januar 1942 bis September 1948 Soldatenzeit und russische Kriegsgefangenschaft – ab 1949 Jugendpfarrer in Lüdenscheid – 1952 Pfarrer an der Kreuzkirche zu Lüdenscheid – 1957 Vorsitzender der Deutschen Zeltmission – 1958 Mitvorsitzender der Deutschen Ev. Allianz – 1966 Mitarbeiter in der Bekenntnisbewegung.

Ich und meine Bibel

Philipp Spitta sagt in einem bekannten Kirchenlied einmal über den Zusammenhang von Wort Gottes und Glaube folgendes:

Der aus dem Wort gezeuget
und durch das Wort sich nährt
und vor dem Wort sich beuget
und mit dem Wort sich wehrt.

Hier ist auf kleinstem Raum eine vierfache Aussage über das heilige Wort Gottes gemacht.

1. Die Schöpferkraft des Wortes Gottes

Von ihr spricht der Apostel Paulus in 1. Petrus 1,23: » . . . Ihr seid wiedergeboren aus unvergänglichem Samen, nämlich aus dem lebendigen Wort Gottes, das da ewiglich bleibt.«

Einen Vers später fügt Petrus hinzu: »Das ist aber das Wort, welches unter euch verkündigt ist.« Beides spricht Petrus aus – das Wort in Gottes Mund hat lebenschaffende Kraft, aber es ist zugleich das Gotteswort aus dem Munde seiner Boten, mit solcher schöpferischer Vollmacht. Welch unglaubliche Verheißung für unseren Dienst! Nicht unsere schulmäßige Begabung, nicht unsere jugendpsychologische Gewandtheit bringt das Wunder des neuen Lebens zustande, sondern das Wort der Schrift. Es hat Keimkraft, es hat Sprengkraft (Röm 1,16). Oft war es im Laufe der Kirchengeschichte der Hammerschlag eines bestimmten Bibelwortes, das Menschen überwältigte. So bei dem Kämmerer aus dem Mohrenland, der Lydia und dem Kerkermeister, so bei Augustin, Franz von Assisi, Luther und August Hermann Francke.

Es war im Jahre 1919 in Ostfriesland. Ich besuchte ahnungslos einen Gottesdienst. Es traf mich unter der Predigt wie mit einem Hammerschlag, so daß ich geradezu körperlich zusammensackte und dem hilfsbereiten Nachbarn zuflüsterte: »Das Wort hat mich getroffen!« Die Stunde meiner Bekehrung war durch ein Bibelwort ausgelöst. Es muß nicht immer so gehen. Die Keimkraft des Wortes Gottes kann auch ganz verborgen das Wunder des neuen Lebens bei uns gewirkt haben. Auf jeden Fall aber sind wir, sofern wir das neue Leben aus Gott haben, eine creatura verbi – wie unsere Väter sagten –, eine Schöpfung des Wortes Gottes. Doch ich fing sehr bald an zu begreifen, daß die Heilsgeschichte nicht bei mir stehenbleibt und aufhört: Gott will durch mein Wort Glauben wecken im

Leben anderer Menschen. Gott handelt an Menschen durch Menschen, auch beim Bau seines Reiches. Darum wird auf Kanzeln und Kathedern nicht durch Schallplatten die Botschaft weitergetragen, sondern Gott braucht leibhaftige Menschen als Feuerwerker, die mit dem Dynamit des Evangeliums gehorsam arbeiten. Ich empfand diese Entdeckung als ein Höchstmaß an Ermutigung für meinen Dienst. Wie der elektrische Strom mit 220 Volt Spannung durch den dünnsten Draht fließt, so kann durch die unscheinbarste Wortauslegung im kleinsten Kreis die Kraftwirkung Gottes eine Bewegung schaffen. Darum liegt für den Glauben in jedem Dienst eine abenteuerliche Erwartung. Ich lernte es, unter Gebet und Flehen an die Wirkung des von mir verkündigten Wortes zu glauben, auch wenn ich erleben mußte, daß das ewige Wort durch das Prisma meiner Menschlichkeit immer neu gebrochen wurde. Es drängt mich daher seit Jahren, oft vor einer Predigt oder Bibelstunde laut zu beten: »Herr, gib jedem von uns eine persönliche Botschaft von dir!« Und Johann Georg Hamann behält recht, wenn er zu Gott im Blick auf sein Wort spricht: »Eine Traube von dir füllt alle Krüge mit Wein.« Das Entscheidende ist, daß die Vorbereitung zur Weitergabe des biblischen Wortes und die Darbietung selber in der Gegenwart unseres Herrn stehen. Echte Verkündigung ist Ausfluß der Anwesenheit Jesu!

2. Die Wachstumskraft des Wortes Gottes

Ich spreche jetzt nicht von dem Wunder der Ausbreitung des Wortes Gottes, wie es sich in den ersten Kapiteln der Apostelgeschichte darstellt. Ich denke an das Wachsen des Wortes Gottes im Glaubensleben und in der Gemeinschaft der Brüder. Das sprach auch der Erweckungsprediger Pastor Volkening aus, als er am Schluß eines Festes sagte: »Nun geh heim, im Wort ist genug Dege (Wachstumskraft)!« Das geschieht allerdings nur da, wo wir treuen Umgang mit der Bibel haben, vor allem auch in der persönlichen Stillen Zeit. Gott will nicht, daß wir uns nur mit einer kleinen eisernen Ration von Bibelworten durchfristen – so segensreich das in Notzeiten sein kann –, sondern daß wir reich werden in allen Stücken. Wir sollen nach Epheser 4,18 ff. begreifen lernen mit allen Heiligen, welches da sei die Breite und die Länge und die Tiefe und die Höhe seiner Gnade. Dabei bleibt die Zentralfigur (Zinzendorf) der Gottesoffenbarung unser Herr Jesus Christus selber. Der treue Umgang mit dem Worte Gottes im Glaubensleben macht uns immer einfältiger vertraut mit der hohen Person unseres Heilandes im Sinne von 2. Korinther 2,18: »Ihn anschauend im Spiegel des Wortes sehen wir des Herrn Klarheit mit aufgedecktem Angesicht, und wir werden verwandelt in dasselbe Bild von einer Klarheit zur andern, als vom Herrn, der der Geist ist.« In diesem Bibelwort wird das Wachsen der Christuserkenntnis ausgesprochen. Wir sehen in unserem irdischen Leben den erhöhten Christus nicht unmittelbar, direkt, sondern gleichsam im Rückspiegel des Wortes Gottes. Nach 1. Johannes 3,2 werden wir später einmal Christus unmittelbar sehen und dann zugleich ihm gleich sein. In der gegenwärtigen Glaubenszeit deckt der Heilige Geist uns im Worte Gottes und in der Begegnung mit den Brüdern mosaikartig immer neue Seiten von Christus auf. Wir sollen mit allen Heiligen zusammen den ganzen Reichtum der Christusgnade erkennen. Am Anfang meines Glaubenslebens stand erst nur die große wunderbare Tatsache: Christus für mich! Christus für uns! Im Laufe der weiteren Entwicklung stieß ich vor zu dem anderen Geheimnis: Christus in mir! Christus in uns! Vielleicht dürfen wir auch erleben: Christus durch mich! Christus durch uns! Der Umgang mit der Bibel hat mich immer mehr entdecken lassen, daß mein ganzes Leben von vorlaufender, überführender, vertiefender, bewahrender, bevollmächtigender, heimbringender und vollendender Gnade getragen ist. Vielleicht stehen am Anfang unseres Glaubenslebens in unseren Gebeten nur die Dinge des persönlichen Lebens und der eigenen vier Wände. Aber die Ringe des Gebetslebens mehren sich in der Wechselwirkung von Bibelwort, Bruderschaft und Gebet. Es kommt zur Anbetung, Danksagung, Bitte, Fürbitte. Das Leben mit der Heiligen Schrift führt mich zu einem ständigen Gebetsumgang mit dem Herrn.

3. Die heilige Autorität des Wortes Gottes

Unsere Väter sprachen von der auctorias causativa der Bibel. Sie meinten damit die wunderbare Tatsache, daß die Bibel sich selbst im Leben des Menschen Autorität verschafft. Ich wollte, unser heutiges Geschlecht hätte wieder mehr von der Ehrfurcht unserer Väter vor dem Wort der Schrift. Manche haben eher Leben und Besitz gelassen, als sich von ihrer Bibel zu trennen. Die Bibel mancher Gotteszeugen war mit ihren Tränen und mit ihrem Blut durchsetzt. Jedesmal, wenn wir die Bibel aufschlagen, sollten wir wie Mose hören: »Ziehe deine Schuhe aus, denn du stehst auf heiligem Boden.« Die Bibel ist das uns von Gott geschenkte Kursbuch zum ewigen Leben. Ihre Verheißungen sind die Positionslichter auf der Straße der Heimkehrer zur ewigen Heimat. Sie ist die einzige Norm und Regel unseres Glaubens, wie die reformatorischen Bekenntnisschriften bezeugen. In einer Zeit schleichender Zersetzungsversuche am Worte Gottes sind wir Mitarbeiter aufgerufen, das Vertrauen unserer Brüder in das ganze ungeteilte Wort Gottes zu stärken.

Für mich ist die ganze Bibel von 1. Mose bis Offenbarung 22,21 Gottes Wort. Sie ist kein vom Himmel gefallener Koran, aber wahrhaftig Gottes Wort in Menschenmund und Menschengeschichte. Dabei hat Gott seine Werkzeuge nicht als Schreibmaschine gebraucht, sondern mit ihrer ganzen Eigenart in ihrer jeweiligen Platzanweisung. Auch wir kennen Stellen der Bibel, die wir nicht begreifen und die uns in besonderer Weise die Fleischwerdung des Wortes Gottes deutlich machen. Aber wir hüten uns, die Bibel zu zerlegen in Tatsachen und Märchen, in Gottesworte und Göttersagen. Wir sind wahrhaftig dankbar für alle theologische Arbeit und Forschung, für Sprachstudium und Quellenstufe. Wir haben im Sauerland gläubige Männer, die als Bauern hinter dem Pflug Griechisch gelernt haben, um die Bibel noch besser lesen zu können. Die Bibel ist uns die Offenbarungsurkunde Gottes, das Entgegenkommen Gottes in menschlicher Gestalt. Aber weil wir hinter die Fleischwerdung des Wortes Gottes nicht zurück können, halten wir es für vermessen, Stücke der Bibel herauszutrennen. Wir brauchen Prediger, die, in apostolischen Tatsachen stehend, ihre Botschaft bringen und uns ermutigen, mit den einzelnen Bibelworten wie mit göttlichem Bargeld heilig umzugehen. Es hat Gott gefallen, sein Wort in diese Gestalt im Laufe der Geschichte für uns bindend zu machen. Hinter die Geburtsurkunde dieser Bibel, hinter dieser Offenbarungsgestalt, können wir nicht mehr zurück – bei Verlust unserer Vollmacht (Offb 22,18–19).

Es drängt mich seit einigen Jahren, dieser Ehrerbietung vor dem Wort Gottes für mich persönlich dadurch Raum zu geben, daß ich in der Stillen Zeit kniend meine Bibel lese! Die heilige Anweisung für alles Forschen unseres Verstandes steht in 2. Korinther 10,5: »Wir nehmen gefangen alle Gedankenbewegung unter dem Gehorsam Christi.«

4. Die Wehrkraft des Wortes Gottes

Philipp Spitta spricht als letztes in seinem Vers aus, daß er sich mit dem Wort wehrt. Das große Beispiel bietet uns Jesus selbst in der Versuchungsgeschichte. Unser Meister argumentiert gegen den Teufel nicht mit philosophischen Lehrsätzen, sondern jedesmal mit einem klaren Gotteswort. Gottes Wort ist unser Schwert, mit dem wir den Widersacher immer neu in die Flucht schlagen. Ich habe es mir zur Gewohnheit gemacht – vielleicht kann das nur in bestimmten Situationen geschehen – daß ich, laut oder im Herzen, den Namen Jesu anrufe, wie Blumhardt das oft getan hat. Die Bibel gebraucht für die

Angriffskraft und für ihre Durchschlagskraft das Bild vom Schwert, vom Hammer, vom Feuer, vom Dynamit. Welche Überlegenheit des Glaubens und der Liebe schenkt diese Einsicht im Gebet und Glauben für jeden missionarischen Vorstoß. Wenn wir in der Fabrikmission in einer Halle vor 600 Arbeitern die Botschaft Jesu sagen, singen und blasen, dann wissen wir: Hier stehen jetzt vor uns 600 einzelne, die alle mit ihrem Latein am Ende sind, wenn sie nicht einen persönlichen Heiland haben. Ein norwegischer Erweckungsprediger nannte jede Wortverkündigung eine »Angriffshandlung Christi«. Darum gehe ich im Namen Jesu jedesmal neu in die Offensive, ob es sich um Predigt, um Bibelarbeit oder um persönliches Glaubenszeugnis handelt! Gottes Wort ist nicht nur unser Schwert, sondern auch der Schild unseres Glaubens. Ich wehre damit alle Angriffe aus der Macht der Finsternis ab, die sich um mich oder in mir breitmachen möchte. In Epheser 6,16 ist von der Abwehrmacht des Wortes die Rede, die alle Satanspfeile auffängt, ehe sie uns tief verwunden. Ich kenne aus schmerzlicher Erfahrung diese Überfälle des Widersachers, der im Handumdrehen in mein Gedankenleben etwas hineinnisten möchte. Wenn ich nicht sofort in der Abwehr wachsam bin, muß ich hinterher oft mühsam mit der Kneifzange des Glaubens die bösen Pfeile wieder herausziehen. Aber ich habe auch die Erfahrung gemacht, daß ich nach gehorsamer mehrfacher Abwehr böser Gedankenbewegungen lange Zeit Sieg behalten durfte. Es ist eine Erfahrung, die viele Mitarbeiter machen, die von Herzen dem Herrn nachfolgen, daß über ihrem Leben eine besondere Verheißung steht: »Sie erhalten einen Sieg nach dem anderen, daß man sehen muß, der rechte Gott sei zu Zion« (Ps 84,8).

Zu dieser ständigen Schwert- und Schildgnade des Wortes Gottes möchte ich jederzeit greifen können. Darum trage ich seit vielen Jahren das Neue Testament mit den Psalmen bei mir auf dem Leibe. Und an der Wand und im Herzen soll es mir immer gegenwärtig sein:

Das soll und will ich mir zu Nutz
zu allen Zeiten machen:
Im Streite soll es sein mein Schutz,
in Traurigkeit mein Lachen,
in Fröhlichkeit mein Saitenspiel,
und wenn mir nichts mehr schmecken will,
soll mich dies Manna speisen;
im Durst soll's sein mein Wasserquell,
in Einsamkeit mein Sprachgesell,
zu Haus und auch auf Reisen. (Paul Gerhardt)

Hermann Dietzfelbinger

Geboren 1908 – aufgewachsen in einem Pfarrhaus – früher Entschluß, Pfarrer zu werden – Studium der Theologie in Erlangen, Tübingen und Greifswald – Pfarrer in München, Rüdenhausen – Rektor des Bayerischen Predigerseminars und der Diakonissenanstalt Neuendettelsau, dann bayerischer Landesbischof und sechs Jahre Vorsitzender des Rates der EKD. Seine Liebe und Leidenschaft gilt der Auslegung der Heiligen Schrift.

Leben mit der Bibel

Meine Bekanntschaft mit der Bibel geht in die frühe Jugend zurück. Den Eltern verdanke ich die Kenntnis der ersten biblischen Geschichten; bei dem Vater, der Pfarrer war, lernten wir im Religionsunterricht mit Eifer die wichtigsten biblischen Kernsprüche, die mir bis heute geblieben sind. Ihr fester Wortlaut – das sollte bei allen Bibelrevisionen bedacht werden – ist für den, der auf das Leben zurückblickt, von großer Bedeutung. Auch schwierige Abschnitte wie Philipper 2,5–11 lernten wir in diesem Unterricht in der ungeteilten Volksschule. Als ich dann später Theologe wurde, konnten mir auch die Professoren an der theologischen Fakultät keinen besseren Aufriß für die Lehre von Jesus Christus geben. In jungen

Jahren sprach ich einmal davon, daß ich vielleicht Pfarrer werden könnte. Da riet mir mein Vater, beim Bibelstudium mit dem Markusevangelium anzufangen; von da aus gewinne man den besten Einblick in das Leben und Wirken Jesu. Und dann studierte ich wirklich Theologie, lernte bei nicht wenigen ausgezeichneten und bis heute verehrten Lehrern viel für Verständnis und Erklärung des Alten wie des Neuen Testaments. Daß ich mir dabei systematisch eine intensive Bibelkenntnis anzueignen versuchte, empfinde ich bis heute als eine ganz wesentliche Hilfe.

1. Dies alles, so denke ich, war die Voraussetzung für eine noch anders geartete Begegnung mit der Bibel, die gewissermaßen auf einer tieferen Ebene geschehen sollte. Sie hing mit dem schweizerisch-amerikanischen Pfarrer Frank Buchman zusammen, dem Begründer der Oxford-Gruppenbewegung. Im Jahre 1931 besuchte er uns junge Theologen in München und zeigte uns, wie man als Christ ganz persönlich Tag für Tag mit der Bibel leben kann. Ich beginne den Tag mit einer Stillen Zeit. Das Wesentliche dabei ist, daß ich als erstes nicht meine Planungen und Verlegenheiten vor mir sehe, vielmehr versuche ich anhand eines biblischen Abschnitts oder auch der Herrnhuter Losungen im Gespräch mit Gott darauf zu hören, was er mir heute zu sagen hat. Unter seinem Wort blicke ich auf den gestrigen Tag zurück, bringe meine Versäumnisse vor ihn, bete für Menschen, die es brauchen. Die Sätze aus Jesaja 50,4 f. sind mir seitdem zu einem Leitwort für das ganze Leben geworden. Auch Luther selbst, so erfuhren wir damals, hat bereits ähnliche Hinweise gegeben, etwa in seinem Unterricht über das Beten des Vaterunsers an »Meister Peter Balbierer« 1534: »Es kommt wohl oft vor, daß ich in einem Stück oder Bitte in so reiche Gedanken spazieren komme, daß ich die anderen sechs alle beiseite lasse . . . Dann soll man die anderen Bitten fahren lassen . . .; denn da predigt der Heilige Geist selber. Und ein Wort von seiner Predigt ist weit besser als tausend unserer Gebete.« Ergänzt wurden damals diese Hinweise durch die

Art, wie die Buchman-Leute vor allem die Bergpredigt in das Leben einbezogen. Da begegnete uns Jesus – nein, nicht als Gesetzgeber, aber als der Herr, der auf dem Weg über den radikalen Gehorsam durch Hingabe an ihn zur Freiheit führen konnte. Sie beschrieben die vier »Absoluten«: absolute Liebe, Ehrlichkeit, Reinheit, Selbstlosigkeit. Sicher war das alles recht einseitig, aber einseitiger als der heute vielfach geforderte und sehr in Auswahl betriebene Umgang mit der Bergpredigt war es auch nicht. Und Bibelstunden konnten sie halten, in denen die große zeitliche und sachliche Kluft zwischen damals und heute, die vielen Menschen oft Probleme macht, wie weggewischt erschien!

2. In den kritischen Jahren des Kirchenkampfes waren diese und andere Erfahrungen, etwa auch im Blauen Kreuz, für nicht wenige unter uns jüngeren Pfarrern ein wichtiger Anstoß. Wir versuchten auf diese oder ähnliche Weise gemeinsam die Bibel zu lesen, aus ihr unsere Gemeinschaft erneuern zu lassen und zugleich Hilfe für unseren Gemeindedienst in Verkündigung, Unterricht und vor allem auch in Seelsorge zu gewinnen. Wir waren überzeugt, daß wir dabei auch Klarheit und Kraft zur Prüfung der Geister in der damaligen Verwirrung empfangen würden. Auch später, als jeder irgendwo in einer Gemeinde arbeitete, sammelten wir uns regelmäßig im Jahr mit unseren Frauen eine Woche lang, und die Grundlage unserer Gespräche war die biblische Arbeit über einem zusammenhängenden Schriftabschnitt, z. B. über Kolosser oder 1. Petrus. Welch große Hilfe die so begründete Gemeinschaft auf dem Weg durch schwere Jahre geworden ist, läßt sich kaum beschreiben. »Das ungeordnete geistige und geistliche ›Gehirn‹ hat sich dabei neu geordnet«, so versuchten wir unsere Erfahrungen manchmal scherzhaft auszudrücken. Die Ermahnung des Paulus wurde uns in ihrer befreienden Notwendigkeit klar: »Laßt euch verändern durch die Erneuerung der Vernehmungskraft des Geistes« (Röm 12,1 f).

Mit einem biblisch erneuerten Denken aber braucht sich der glaubende Christ wahrhaftig nicht vor der Auseinandersetzung mit dem modernen Geist zu scheuen. Die Arbeit mit theologischen Kommentaren und Erklärungen muß durch diese Art von Bibelarbeit keineswegs verhindert werden. Vielleicht habe ich sie in ihrem Gewicht etwas anders als früher einzuordnen gelernt. Man wird in der gemeinsamen Bibelarbeit unter Gespräch und Gebet auch selber kritisch, in neuer Weise auch da, wo die historisch-kritische Theologie allzu unkritisch, weil sie in einem bestimmten Vorverständnis des »Kritischen« verhaftet ist. Und man kann darüber hinaus erfahren, daß beim Forschen in der Bibel aus Kieselsteinen Edelsteine werden können, wie der von mir sehr verehrte Julius Schniewind einmal gemeint hat. Fand ich doch den Anfang einer *legitimen* »historisch-kritischen Forschung« bereits beim Evangelisten Lukas, der »allem Geschehenen von Anfang an genau nachgegangen ist« (Lk 1,11 ff).

3. Während des Krieges gehörte zu meinen verschiedenen Ämtern in München der Dienst des Studentenpfarrers. Er mußte illegal geschehen, und wie unter dem gemeinsam gehörten biblischen Wort in dieser Zeit von Semester zu Semester eine Gemeinde im Sinn des Neuen Testaments wuchs, gehört für mich zu den großen Wundern Gottes. Zentrum, Herzstück unserer Arbeit, war die wöchentliche Bibelstunde, d. h. das gemeinsame Gespräch über bzw. unter dem biblischen Wort. Da kamen Studenten und Studentinnen der verschiedensten Richtungen, auch viele Soldaten, die im Urlaub waren oder als Mediziner Studienurlaub hatten. Einer brachte den andern mit. Nicht wenige erklärten mit verlegenem Stolz, daß sie noch nie eine Bibel in der Hand gehabt hätten. Was war es für eine Freude, wenn man ihnen zeigen konnte: »Da haben Sie ja die größte Überraschung Ihres Lebens noch vor sich!« Die Arbeit war nicht immer leicht. Es gab die schmerzvollsten Kämpfe, wenn jemand gegenüber der damals herrschenden Geistesrichtung eine neue Lebensrichtung einschlagen wollte. Viele, die

sich der Gemeinde zuwandten, wurden ihrem Elternhaus entfremdet. Es war beinahe umgekehrt wie heute, wo viele Eltern, die der Bibel im Hause ihre Stelle geben möchten, schmerzlich erfahren müssen, daß es nicht so einfach ist, die heranwachsenden Kinder auf solch einem Weg mitzunehmen. Man kann den Glauben nicht vererben wie Geld oder Möbel – aber man kann ihn bekennen.

4. Dies alles hat weit in die Aufgaben hineingewirkt, die ich später zu erfüllen hatte. Als Rektor eines Predigerseminars versuchte ich den jungen Amtsbrüdern Hilfen zu einem geistlichen Leben – allein und in der Gemeinschaft – zu geben und gleichzeitig Mut für den Dienst der Verkündigung zu machen. Sie waren zum größten Teil äußerlich und innerlich verwundet aus Krieg und Gefangenschaft zurückgekommen. »Freudigkeit« (Apg 4,13.29.31) – wie sollten sie diese Gabe des Geistes anders empfangen als aus der biblisch gegründeten Gewißheit, daß auch für den zerschlagenen, schuldig und abgestumpft gewordenen Menschen der Nachkriegszeit in Jesus Christus das Entscheidende bereits geschehen ist? Darum »fürchte dich nicht, sondern rede und schweige nicht . . . Denn ich habe ein großes Volk in dieser Stadt« (Apg 18,10).

In den Jahren des Bischofsamtes haben mich zwei biblische Stellen, die von diesem Amt reden, besonders begleitet und mein Denken und Tun bestimmt. Im Strudel der verwirrenden Anforderungen, die heute einen Bischof überfallen können, fand ich eine große Hilfe in Hebräer 12,12–15. Die Stelle zeigt etwas von einem überaus notwendigen Dienst. Das Volk Gottes steht bei uns heute unter mancherlei teilweise völlig entgegengesetzten Einflüssen – nach vorne, nach hinten, nach rechts und nach links. In der Frage, was hier als erstes zu tun sei, hörte ich den großen Rat zur Konzentration, zur Sammlung: »Seid brüderlich darauf bedacht, daß nicht jemand hinter der Gnade Gottes zurückbleibe.« Ebenso war und bin ich um die andere Stelle froh, in der es heißt, daß zuerst nicht wir selber es sind, sondern daß Jesus Christus der »Hirte und Bischof unserer Seelen ist« (1 Petr 2,25).

Nach evangelischem Verständnis wird der Dienst der Leitung in der Kirche vor allem durch die Auslegung des Evangeliums, durch Wort und Sakrament geübt. Meine große Freude war viele Jahre hindurch die Vorbereitung auf die in der Landeskirche durchzuführende Bibelwoche, und ich danke Gott, daß ich bis heute hier und dort die Heilige Schrift auslegen darf in Gottesdiensten und in der gemeinsamen Arbeit an der Bibel. »Ich freue mich über deinem Wort wie einer, der eine große Beute kriegt« (Ps 119,162).

Günther Freytag

Jahrgang 1929 – geboren in Altenburg-Thüringen – Kindheit in Hann. Münden verbracht – Studium der Theologie in Göttingen, Tübingen – Gemeindepfarramt in Erbsen bei Göttingen – Kreisjugendpfarrer im Kirchenkreis Göttingen Nord – Pfarrer im Henriettenstift in Hannover – Vorsteher des Diakonissen-Mutterhauses Bethanien Lötzen in Quakenbrück – zugleich Sprengelpfarrer für Diakonie im Sprengel Osnabrück – seit 1978 Verbandsdirektor des Kaiserswerther Verbandes Deutscher Diakonissen-Mutterhäuser.

Die Bibel und ich – so fanden wir uns

Der Krieg ist vorbei. Es war der zweite Weltkrieg in diesem Jahrhundert. Erinnerungen an Geschehnisse dieser Zeit lassen einen nicht los. Oft schreckt man im Schlaf hoch. So schnell kann man eben nicht vergessen.

Viele Menschen sind unterwegs. Sie suchen eine neue Heimat. Trümmer werden beseitigt. Es beginnt der Wiederaufbau.

Für uns, die wir damals zur jungen Generation gehörten, fängt etwas ganz Neues an. Der Unterricht in der Schule wird nicht mehr durch einen schrillen Sirenenton und das ferne Dröhnen von explodierenden Bomben unterbrochen. Wir sind wenige in unserer Klasse. Wir diskutieren viel. Eine neue Welt erschließt sich uns mit Filmen, Theaterstücken, Büchern und vor allem mit ausländischen Zeitungen, die wir im Englisch-Unterricht lesen. Mit zwölf Mitschülern bereite ich mich auf das Abitur vor. Es macht Spaß!

Das Freizeitangebot außerhalb der Schule wächst zunehmend. Ich entschließe mich, die Nachmittags- und Abendveranstaltungen der evangelischen Jugend unserer Gemeinde zu besuchen. Wir bilden eine enge Gemeinschaft. Wir verstehen uns gut. Durch die Verhältnisse bedingt, hatten wir bisher trotz Konfirmandenunterricht und christlichem Elternhaus wenig Gelegenheit, über den Glauben zu sprechen. Wir wußten auch wenig davon. Wir lesen die Bibel. Wir entdecken sie. Wir sind begeistert. Manches verstehen wir auch nicht. Wir versuchen, uns gegenseitig beim Beten zu helfen. Dann beginnen wir Morgenandachten in unserer Schule zu halten. Die Schulleitung erlaubt es uns. Der Kreis in den Morgenandachten ist nicht sehr groß. Aber wir lassen uns nicht entmutigen. Das, was wir – vielleicht ein wenig unbefangen – im Alten und Neuen Testament lesen, packt uns an. Da ist von Sinnerfüllung im Leben, da ist von Hoffnung – und vor allem: da ist von Vergebung die Rede. Gemeinsam fahren wir zu einem großen Jugendtreffen. Viele kommen dort zusammen. Schon die große Zahl derer, die uns gleichgesinnt sind, begeistert uns. Der Prediger legt Worte aus dem Römerbrief aus. Ein Satz, mit dem er uns entläßt, bleibt haften: Wir heißen euch hoffen! Wir kehren in unseren Alltag zurück und kommen weiter zusammen. Doch die Begeisterung läßt nach. Merkwürdig: Je mehr wir uns mit der Bibel beschäftigen, je tiefer wir in das Wort einzudringen versuchen, desto größer werden die Fragen und desto mehr melden sich die Zweifel. Einige bleiben unserem Kreis fern. Das ist uns schmerzlich.

Wir erhalten eine Einladung zu einer Schülerfreizeit des CVJM auf der Schwäbischen Alb in der Nähe von Geislingen. Ich fahre dorthin. Und ich nehme manche Fragen aus unserem Kreis mit. Die Bibelarbeiten werden von Arnold Dannenmann gehalten. Eindrücklich, bewegend und zugleich beunruhigend.

Im kleinen Kreis besprechen wir die Bibelarbeit weiter. Wir fragen: Redet Gott hier zu uns? Oder ist das alles nur von Menschen erdacht und erfunden? Geht das Ganze uns überhaupt etwas an? Die Gespräche bringen einiges in Bewegung. Für mich, daß ich mich zurückziehe und intensiv in der Bibel lese. Ich komme gar nicht wieder weg davon. Ich möchte mehr wissen, mehr erfahren. Ich lese das Prophetenbuch des Jeremia. Ich vertiefe mich in die Evangelien. Ich versuche, die Briefe des Apostels Paulus zu lesen. Vieles ist mir schwer verständlich; aber immer deutlicher spüre ich, daß dieses Buch, die Bibel, mir Wesentliches für mein Leben zu sagen hat. Trotz allen Fragens und Zweifelns, trotz aller Unruhe, die das Lesen auslöst, empfinde ich eine innere Freude. Ich bin glücklich. Im seelsorgerlichen Gespräch mit dem Bibelarbeiter erkenne ich vorläufige Konturen meines Lebensweges. Ich werde Theologie studieren.

Vielleicht ist es falsch, wenn ich sage, daß *ich* die Konturen meines Lebensweges erkenne. Vielleicht ist es auch nicht richtig, daß *ich* die Bibel »gefunden« habe als mein Buch des Lebens. Gerade die Aussagen der Bibel zeigen doch, daß es ein anderer ist, der findet und lenkt, der führt und leitet. Ihm möchte ich mich anvertrauen und mit seinem Worte leben.

Das Theologiestudium beginnt mit einer ernüchternden Eingangsphase. Da wir in unserer Schulzeit kein Griechisch und Hebräisch hatten, mußte ich beide Sprachen an der Universität nachholen. Das ist harte Arbeit. Nebenbei »studiere« ich Bibelkunde. Ich weiß nicht, wie ich sonst meine Sprachstudien hätte hinter mich bringen können! Im Fach »Bibelkunde« entdecke ich manches neu aus dem großen Reichtum und der unendlichen Fülle der Schrift. Vor allem lerne ich die Psalmen lesen, beten und meditieren. – Und dann beginnt das eigentliche Studium. Im nachhinein bin ich dankbar für diese Zeit. Aber während des Studiums gab es manche notvollen Augenblicke, in denen der Zweifel stärker war als der Glaube. Gerade im tagtäglichen Umgang mit dem Worte Gottes lernte ich etwas kennen von dem, was wir mit Anfechtung umschreiben. Wenn mich meine theologischen Lehrer nicht immer wieder zum Hören auf das Wort hingeführt hätten . . . Es war ein stetes neues Finden und Sich-Finden-Lassen – nie etwas Abgeschlossenes. So ist es auch geblieben: ein Werden und Wachsen, ein Sterben und Neuwerden. Die Beschäftigung mit D. Bonhoeffer hat mir sehr geholfen. Seine Tagebuchaufzeichnungen und insbesondere seine Auslegung der Bergpredigt bewahrten mich auf der einen Seite vor einem zu billigen und oberflächlichen Umgang mit dem Worte Gottes. Auf der anderen Seite aber führten sie mich durch die Dichte der Aussage und die darin zum Ausdruck kommende Frömmigkeit an den Text der Bibel heran. Nicht mehr so unbefangen wie in der Schulzeit habe ich fortan meine Bibel gelesen. Aber ich habe in ihr entdeckt, mit welcher großen Liebe und welchem grenzenlosen Erbarmen Gott uns nachgeht.

In einer ganz besonderen Weise fand ich darüber hinaus einen Zugang zur Bibel durch ein intensives Studium der Schriften und Predigten Luthers. Ich machte die Erfahrung, daß es oft – vielleicht sogar meistens – andere sind, die einem das Wort der Schrift aufschließen, an den Text und das Verstehen desselben heranführen. Durch ihre Auslegung wird man zum Nachdenken angeregt und zum erneuten Befragen des Textes angeleitet. Das scheint mir auch für die Gegenwart von großer Wichtigkeit zu sein. Beim Bibellesen sollten wir uns umschauen nach anderen, die den Text schon bedacht haben, und sollten dann unter Herbeirufen des Beistandes durch den Heiligen Geist den Abschnitt neu bedenken, meditieren, durchbuchstabieren und durchbeten. Ich meine, daß nur so die Aussagen und Zusagen der Bibel verstanden und angenommen werden können. Nur so können wir uns in dem Zusammenhang von Bibel und eigener Person vorfinden. Nur so können wir aus der Bibel heraus Grundlagen für unser Leben finden. Nicht im Sinne von »Selbstverwirklichung« und »fortschrittlicher Erkenntnis«! Wohl aber in dem Sinn, daß das Wort Gottes uns sucht und findet, daß es unsere Leere füllt, daß es uns Frieden mit Gott und darum auch untereinander gibt.

Ich kann also nicht von mir sagen, daß ich in meinem Leben die Bibel einmal und dann für immer gefunden habe. Es ist mehr ein Weg mit vielen Meilensteinen, den ich geführt worden bin. Es ist ein Auf und Ab, das sich hier zeigt. Der Anstoß freilich ging vom Worte Gottes aus. Es hat mich angeredet und mein Leben fortan bestimmt. Es hat mich immer wieder neu herausgefordert und beschenkt. Es ist ein anhaltender Prozeß des Gefundenwerdens durch das Wort Gottes, und es zeigt sich immer wieder: je mehr man sich auf dieses Gefundenwerden einläßt, desto mehr Fragen tauchen auf. Solches Fragen hält in Bewegung. Es ist auch nicht frei von Anfechtungen. Ich halte aber solches Fragen nach der Bibel und ihren Aussagen und nach dem, was durch ihre Aussagen ausgelöst wird, für unerläßlich. Dieses Fragen nach dem, was Gott uns durch sein Wort sagen will, hat mich persönlich in die Diakonie der Kirche geführt. Ich bin mir bewußt, daß Gott uns aufgetragen hat, von seiner Liebe, von seinem Erbarmen mit uns Menschen etwas weiterzusagen, seine Versöhnung mit uns Menschen zu verkündigen, das Evangelium in die Welt hineinzutragen. Das geschieht für mich durch Wort und Handeln. Ich sehe dabei die Gefahr, daß besonders manches Handeln mißdeutet werden kann. Deshalb ist in der Diakonie unserer Kirche die begleitende theologische Reflexion unerläßlich. Bloße menschenfreundliche Aktivität ist mit der Diakonie Jesu nach meinem Verständnis der Bibel nicht gemeint. Der Zuspruch der Vergebung und die Verheißung von Hoffnung sind dazugehörende Dimensionen. Die ständig zu vollziehende Heimkehr in das Wort und zu dem Wort Gottes ist eine gebotene Notwendigkeit, um diakonisches Handeln sachgemäß vollziehen zu können. Auf der anderen Seite besteht die Gefahr, daß wir durch den ausschließlichen Gebrauch des Wortes nicht die ganze Weite dessen ausfüllen, was Jesus uns aufträgt. Ich weiß, daß ich mit dieser Fragestellung ein heißes Eisen anfasse. Aber im Umgang mit der Bibel, im immer wieder neuen Sich-Finden-Lassen durch das Wort der Schrift höre ich den Auftrag, Evangelium zu predigen und Evangelium zu leben. Diakonie ist für mich gelebter Glaube.

Wilhelm Gundert

Geboren am 11. 3. 1915 in Stuttgart als Sohn des Verlagsbuchhändlers Paul Gundert, der im Ersten Weltkrieg fiel – Wiederverheiratung der Mutter mit Prediger Theophil Mann und im Zusammenhang damit Umzug nach Frankfurt (Main) – Abitur 1934 am humanistischen Lessing-Gymnasium – Studium der Theologie in Tübingen, Königsberg und Halle – Examen 1938 in Tübingen – Vikar in Heidenheim/Brenz – November 1938 zur Wehrmacht eingezogen – 1943 Heirat mit Getrud geb. Ruoff, Bibliothekarin aus Heidenheim – nach der Kapitulation russische Gefangenschaft bis Dezember 1949 – Pfarrseminar der Württ. Landeskirche – August 1950 bis September 1956 Pfarrer in Langenbeutingen/Württ. – von Oktober 1956 bis zum Eintritt in den Ruhestand im März 1980 Referent und Oberkirchenrat in der Kirchenkanzlei der EKD, zuständig für Bibel und Gottesdienst, Verhältnis zur katholischen Kirche, evang. und orth. Exilkirchen, Christen und Juden – in den letzten Jahren Abteilungsleiter.

So fanden wir uns

Merkwürdig: Mein Elternhaus ist es eigentlich nicht gewesen, das mir die Bibel lieb gemacht hat, obwohl es ein frommes Elternhaus war. Der Vater, Verlagsbuchhändler, die Mutter,

Hotelsekretärin, stammten beide aus Familien, die vom württembergischen Pietismus geprägt und eng mit der Basler Mission verbunden waren. Als ich drei Jahre alt war, fiel mein Vater im Ersten Weltkrieg. Nach fünf Jahren Witwenzeit heiratete meine Mutter wieder. Mein Stiefvater, Theophil Mann, war Philologe, war aber nicht in den Schuldienst gegangen, sondern Prediger der Methodistenkirche geworden. Kurz nach der Heirat mit meiner Mutter wurde er als Dozent an das Predigerseminar der Methodistenkirche in Frankfurt berufen. Wir hielten zwar tägliche Hausandachten, aber wichtig war mir die Bibel nicht.

In Frankfurt trat ich dem Schülerbibelkreis (BK) bei. Ich gehörte zu einer Gruppe, die ein von Gott begnadeter Mann, der Kaufmann Albert Hamel, leitete, der es verstand, Jungen deutlich zu machen, daß die Bibel auch sie angeht. Unvergeßlich sind mir die Ferienfahrten unter seiner Leitung mit spannenden Speerspielen, Fröhlichkeit und Hören auf das Wort der Bibel. Durch die Begegnung mit diesem Mann begann ich, die Bibel zu lesen.

Aber mit dem Erwachen des Verstandes in der Oberstufe des Gymnasiums trat das Interesse an der Bibel zurück. Mich interessierten zunächst Mathematik und Naturwissenschaften. An unserem humanistischen Gymnasium war Mathematik gut vertreten, Naturwissenschaften dagegen spärlich. Dafür bot die Universität Frankfurt Vorlesungen in Physik und Chemie für Schüler der Oberstufen an, die ich mit Eifer besuchte. Als mein vorzüglicher Mathematiklehrer, der Mathematik und Naturwissenschaft als eine Art Entdeckungsreise in noch unbekanntes Land darzustellen verstand, starb und an seine Stelle ein Lehrsätze dozierender Kollege trat, war es mit der Freude daran bald zu Ende. Aber die Bibel blieb weiterhin uninteressant für mich. Ich trat damals sogar aus dem Bibelkreis und der Christlichen Pfadfinderschaft aus. Was mich fesselte, war jetzt Literatur: Rainer Maria Rilke vor allem, Hermann Hesse, Thomas Mann, auch Goethe, den uns ein Deutschlehrer so zugänglich machte, daß er nicht als Lernstoff, sondern als Hilfe zum Erfassen menschlichen Wesens verstanden wurde. Daneben liebte ich die Antike, griechischen Geist und griechische Dichtung, aber nicht die Bibel.

Als ich mich dann nach dem Abitur doch entschloß, Theologie zu studieren, geschah das sozusagen auf Probe, weil ich mich für religiöse Fragen interessierte und nicht so recht wußte, wohin das Lebensschiff zu steuern wäre, nachdem es die vorgezeichnete Bahn der Schule verlassen hatte. Die Bibel an sich lockte mich jedenfalls nicht. Das wurde in Tübingen, wo ich anfing zu studieren, bald anders. Ich kam 1934 mitten hinein in die Auseinandersetzungen des Kirchenkampfs. Mir wurde klar, daß man da nicht schöngeistig neutral sein und bleiben kann, sondern Stellung beziehen muß. Paul Volz und Karl Heim zeigten mir in ihren Vorlesungen die aktuelle Bedeutung des Alten und des Neuen Testaments. Noch einmal stellte sich die Frage, ob ich mein Theologiestudium aufgeben sollte, als ich durch die Freundschaft mit Medizin studierenden Kommilitonen begann, naturwissenschaftliche Vorlesungen und Übungen zu besuchen. Aber dann blieb ich doch bei der Theologie, offen gestanden weder wegen der Bibel noch wegen der guten Professoren in Tübingen, sondern wegen Adolf Hitler. Ich wäre mir feig vorgekommen, in dieser Situation des Kirchenkampfes die Flinte ins Korn zu werfen und die Theologie und damit auch den Dienst in der unterdrückten und immer mehr verfolgten Kirche aufzugeben. So blieb ich bei der Theologie und bei der Bibel, die ich durch Männer wie Joachim Iwand, Julius Schniewind, Kurt Galling und den wegen seines Naziengagements heute wenig geachteten Gerhard Kittel, der aber ein großartiger Kenner des Neuen Testaments war, immer mehr entdecken lernte.

Nach dem Examen und einer kurzen Vikarzeit von drei Monaten, wurde ich im November 1938, noch im Frieden, zur Wehrmacht eingezogen und kehrte erst nach mehr als 11 Jahren an Silvester 1949 aus russischer Kriegsgefangenschaft zurück. In diesen Jahren war ein kleines Neues Testament mein ständiger Begleiter. Es war mit mir in der Kaserne, in der Satteltasche meines Pferdes – ich gehörte zur letzten Kavalleriedivision –, später im Gepäck auf meinem Panzer und in den Gefangenenlagern der Sowjetunion. Durch die meisten Filzungen bekam ich es durch, bis ich einmal einem Fanatiker in die Hände geriet, der es mir mit lautem Gebrüll wegnahm. In diesen Jahren der Lebensgefahr, des Hungerns und fast Verhungerns ist das Neue Testament für mich trotz oder vielleicht auch wegen vielen Versagens Brot des Lebens gewesen. Daran hielt ich mich, daran knüpfte ich die Hoffnung auf ein Ende des Schreckens, auf Frieden und Freiheit. Vielleicht ist es nur das aus dem Neuen Testament geschöpfte Wissen um die Güte Gottes, der uns nicht aufgibt, gewesen, das mich überhaupt überleben ließ.

Nach einem Kurs im Pfarrseminar der Württembergischen Landeskirche zur Auffrischung der in 11 Jahren vorwiegend körperlicher Arbeit nahezu völlig vergessenen Theologie kam ich mit meiner Frau, die ich 1943 mitten im Krieg geheiratet hatte, als Pfarrer in ein kleines hohenlohisches Dorf. Dort versuchte ich das, was jeder Pfarrer versucht: den Jungen und Alten im und mit dem Wort der Bibel Jesus Christus zu zeigen, der uns liebt und uns trotz unseres Widerstrebens mit seiner Gnade umfängt, der das Haupt der Kirche ist, auch der sogenannten verfaßten Kirche, und der, verborgen noch, als Herr der Welt »im Regimente sitzt« und will, daß wir Menschen diese Welt ebensowenig aufgeben oder gar vernichten, wie er sie und uns aufgibt. Da ich die Bibel nicht nur studiert, sondern mit ihr in Not und Gefahr gelebt hatte, habe ich diesen Dienst gern getan.

Nach sechs Jahren Pfarramt kam für mich völlig überraschend eine Anfrage der Kirchenkanzlei der EKD, ob ich als theologischer Referent nach Hannover kommen wollte. Die Württembergische Landeskirche, die zur Nennung einiger Pfarrer für diese Aufgabe aufgefordert worden war, hatte mich benannt. Zunächst wollte ich nicht, ließ mich aber bewegen, zur Vorstellung hinzufahren. Als ich merkte, daß die Arbeit interessant zu werden versprach und als die Wahl auf mich fiel, sagte ich zu, trennte mich von der Gemeinde und begann im Oktober 1956 meine Arbeit in der kirchlichen Verwaltung.

Was mich dort fesselte, war die Arbeit an der Bibel. 1956 war die Revision des Neuen Testaments der Lutherbibel abgeschlossen worden. Nun sollte das Alte Testament revidiert werden. Das sollte in meinem Referat geschehen. Zwar hatte ich in den Jahren des Krieges und der Gefangenschaft alles Hebräische vergessen und als Pfarrer die seltenen alttestamentlichen Predigten ohne die Biblia Hebraica vorbereitet. Aber die Aufgabe reizte mich. In den vielen Jahren der Kameradschaft mit Menschen, die Arbeiter oder Bauern, Handwerker oder Angestellte waren, von denen aber die wenigsten die Bibel oder Goethe gelesen hatten, war mir deutlich geworden, daß der Zugang zur Sache der Bibel durch die altertümliche Sprache der Lutherbibel unnötig erschwert wird. Zwar liebte ich diese Sprache; an sie war ich gewöhnt. Aber die Erfahrung des Krieges und die Erfahrungen im Pfarramt im Umgang mit Kindern und Jugendlichen hatten mir gezeigt, wie schwer allein das sprachliche – noch nicht das sachliche – Verständnis der Lutherbibel für jemanden ist, der nicht Abitur gemacht hat. Ich lernte also wieder Hebräisch und wurde Geschäftsführer der alttestamentlichen Revisionskommission. Zwar arbeitete ich nicht selber mit, besuchte aber immer wieder die Unter- und Hauptausschüsse und leitete die Plenarsitzungen, da die Ratsvorsitzenden und Vorsitzenden der Revisionskommission, Bischof Scharf und Landesbischof Dietzfelbinger, den Vorsitz praktisch mir überließen. Erst Landesbischof Lohse hat, wie einst Bischof Dibelius, unmittelbar mitgearbeitet. Auf diese Weise hatte ich Gelegenheit, die Bibel auf eine Weise kennenzulernen, wie dies durch kein Studium erfolgen kann; denn hier diskutierten hervorragende Sachkenner miteinander und machten auf biblische und außerbiblische Zusammenhänge aufmerksam.

Der Revision des Alten Testaments folgte die der Apokryphen. Während dieser Revision bekam ich Kontakt mit dem Direktor des Katholischen Bibelwerks und Geschäftsführer der

Einheitsübersetzung, Otto Knoch. Wir waren uns schnell darüber einig, daß eine gemeinsame Bibelübersetzung angestrebt werden müßte. Aber es war unendlich schwierig, die evangelische Seite dafür zu gewinnen, während die katholische für eine Zusammenarbeit offen war. Erst als Landesbischof Claß Ratsvorsitzender geworden war, kam eine uneingeschränkte Zustimmung evangelischerseits zustande. Aber da war es schon so spät, daß als Endergebnis nur das Neue Testament und die Psalmen ökumenisch übersetzt sind.

Noch während der Revision der Apokryphen zeigte es sich, daß das zu altertümlich revidierte Neue Testament von 1956 in den Gemeinden nicht ankam. Selbst in den Gottesdiensten wurde oft nicht mehr die Lutherbibel verwendet. Nach einer anfänglichen Ablehnung gab der Rat dem Drängen einiger Landeskirchen und des Evangelischen Bibelwerks auf Nachrevision nach. Das führte zum Neuen Testament von 1975, das nun laut Beschluß des Rates und der Synode der EKD 1981 noch einmal nachrevidiert werden soll, diesmal zurück zu Luther. Ich muß gestehen, daß ich darüber nicht glücklich bin. Nicht so sehr deshalb, weil fünf Jahre Arbeit von vorzüglichen Professoren und Gemeindepfarrern damit vergeblich sind, sondern weil ich voraussehe, daß es uns mit einem rückwärts revidierten Neuen Testament der Lutherbibel genauso gehen wird wie den Engländern mit der King-James-Version, den Franzosen mit der Version Synodale, den Ungarn mit der Karoly-Bibel und den Tschechen mit der Kralitzer-Bibel: Alle diese Bibeln aus dem Reformationsjahrhundert verschwinden gegenwärtig aus dem Gebrauch der Gemeinden und werden durch neue Übersetzungen ersetzt.

Und nun bin ich alt und im Ruhestand. Aber die Entdeckungen mit der Bibel hören nicht auf. Als Theologe und einstiger Humanist mache ich für »Biblische Reisen« Reiseleiter durch Griechenland. In der Vorbereitung darauf und auf den Reisen selbst wird mir immer wieder neu deutlich, in wie starkem Maße die griechische Umwelt auf das Neue Testament eingewirkt hat und wie die erste Christenheit bei klarer Distanzierung vom Heidentum doch das Griechentum in sich aufgenommen und im Lichte Jesu Christi umgestaltet hat. »Als die Zeit erfüllt war . . .«, das gilt nicht nur für das Judentum, sondern auch für die hellenistische Welt, von der Europa in West und Ost mit geprägt wurde, ». . . sandte Gott seinen Sohn.« Davon gibt das Neue Testament Zeugnis und nennt die Konsequenzen, die sich aus diesem wichtigsten Ereignis der Menschheitsgeschichte ergeben. Daß ich davon in meinem Leben ein wenig erkennen und ein wenig weitersagen durfte, dafür bin ich dankbar.

Johannes Hasselhorn

1924 in Westerstede bei Oldenburg geboren als Sohn des Predigers Fritz Hasselhorn und seiner Frau Martha, geb. Hartmann aus Heilbronn – 1936 Übersiedlung der Familie nach Heilbronn, wo mein Vater Gemeinschaftspfleger beim Altpietistischen Gemeinschaftsverband wurde – 1942 Kriegsdienst bei der Marine – 1945 Aufnahme des Studiums im Tübinger Stift –
1949 Vikar in Waldenburg/Öhringen, später in Freudenstadt –
1951 Pfarrer in Buttenhausen-Apfelstetten –
1957 Studienleiter der Evang. Jugend auf dem Lande in der EKD in Altenkirchen im Westerwald –
1960 Leiter der Heimvolkshochschule in Hermannsburg –
1971 Oberlandeskirchenrat im Landeskirchenamt Hannover, Dezernent für Mission, Kirchlichen Entwicklungsdienst, Volksmission und Erwachsenenbildung –
1978 ehrenamtlich Geschäftsführender Vorsitzender des Missionarischen Jahres 1980 in der BRD –
1981 ehrenamtlicher Berater beim Luth. Weltbund für Mission und Evangelisation der europäischen Kirchen –
August 1982 beurlaubt als Leiter des Amtes für Missionarische Dienste der Ev. Landeskirche in Württemberg –

So fanden wir uns – die Bibel und ich

Wenn ich meine Entscheidung, dem Ruf nach Württemberg zu folgen, überdenke, dann spielt dabei der Dank gegenüber dem württembergisch-pietistischen Erbe, das ich immer vertreten habe, eine nicht unwichtige Rolle. Ich scheide aus einem Amt in Hannover aus, das mir Freude gemacht, aber auch viele Belastungen gebracht hat, und gehe ein Wagnis ein. Dies kann nur gelingen, wenn viele mithelfen. Diener am Wort, mehr möchte ich nicht sein, das aber ganz und in der Unvollkommenheit eines Zeitgenossen. Seit 1952 bin ich verheiratet mit Elisabeth, geb. Pfitzer aus Kohlstetten, früher Dorfhelferin in Pfalzgrafenweiler. Wir haben sechs Kinder und drei Enkelkinder.

Meine erste eigene Bibel besitze ich heute noch. Sie ist zwar aufgelöst und aus dem Leim gegangen, mit Stockflecken versehen und durch den Modergeruch hindurch ist der Geschmack von Seewasser noch deutlich wahrnehmbar. Schließlich ist sie mit mir mehrere Stunden im Kattegatt geschwommen. Die lederne Umschlagsseite ist zerfetzt von einem Splitter, der mich treffen sollte. Ob er mir durchs Herz gegangen wäre? Das vermag ich heute nach fast 40 Jahren nicht mehr genau zu sagen, aber daß die Botschaft der Bibel mir das Herz abgewonnen hat, weiß ich genau.

Die Bibel war ein Konfirmationsgeschenk und als solches habe ich sie in Ehren gehalten. Wenn wir im CVJM in Heilbronn zusammenkamen, dann war die Bibel dabei. Und als die Steine flogen und wir gestört wurden, war die Bibel auch dabei.

Als ich 1942 zur Kriegsmarine eingezogen wurde, nahm ich die mir lieb gewordene Bibel selbstverständlich mit. Während der Ausbildungszeit auf dem Dänholm bei Stralsund lud ich natürlich auch Kameraden zum Gottesdienst und zu den Bibelstunden beim Marinepfarrer ein.

Als mein Ausbildungsleiter erfuhr, daß ich die Soldatenstunde besuchte und sonntags zum Gottesdienst gehen wollte – während die Kameraden die Kaserne reinigen mußten –, sah er rot und schrie mich vor versammelter Mannschaft an, ich sei ein

Volksverräter. Da wir die Aufträge unserer Vorgesetzten deutlich zu wiederholen hatten, brüllte ich in strammer Haltung jeweils wieder zurück: »Jawohl, Volksverräter, Herr Obermaat.« Er war zwar nur Maat, d. h. Unteroffizier, aber er liebte die Anrede »Obermaat«.

Das ganze wurde zu einem Spiel, dem die Kameraden belustigt zuhörten. Der Ausbilder schrie ständig: »Sie sind ein Volksverräter!« Und ich brüllte zurück: »Jawohl, Herr Obermaat, Volksverräter.« Er: »Halten Sie den Mund, wenn ich mit Ihnen rede!« – »Jawohl, Herr Obermaat, Mund halten!« brüllte ich zurück, daß es weit über den Kasernenhof schallte.

Unser Marinepfarrer, dem ich das in der nächsten Bibelstunde erzählte, sah die Sache ernsthafter an und erstattete Meldung. Der Ausbilder mußte sich bei mir entschuldigen und ließ mich fortan in Ruhe, denn der Kommandeur bestand auf Religionsfreiheit.

Den 20. Juli 1944 (Tag des Attentats auf Hitler) erlebte ich als Fähnrich zur See auf der Schiffsartillerieschule in Saßnitz auf Rügen. Hier hatte ich größere Bewegungsfreiheit und guten Kontakt zur örtlichen Gemeinschaft. Wenige Wochen zuvor hatte ein Gemeinschaftsfest stattgefunden, bei dem ich gebeten wurde, die Predigt zu halten. So stand ich in voller Uniform in der Dorfkirche zu Saßnitz auf der Kanzel und legte die Bibel aus. Zum ersten Mal in meinem Leben auf der Kanzel!

Ich hatte einen der gewaltigen Trosttexte aus dem zweiten Jesajabuch gewählt. Mit einem bayerischen Freund zusammen hatte ich versucht, darüber hinaus den Standortpfarrer zu einem Vortrag in unserer Kompanie zu gewinnen. Da er als Missionar in Japan gewesen war, sollte er darüber mit uns Fähnrichen diskutieren.

Aber es kam ganz anders. Unser Kompaniechef, ein Ludendorffanhänger und fanatischer Nationalsozialist, ließ mich auf Grund des Antrages und des Vorfalles in der Dorfkirche am Samstagnachmittag in feldmarschmäßiger Uniform zu sich befehlen. Es war ein glutheißer Tag. Er saß betont lässig auf dem Schreibtisch und rauchte eine Zigarette nach der anderen.

Fast drei Stunden lang mußte ich vor ihm strammstehen und Rede und Antwort gingen hin und her.

Er wollte mich aufklären über die »Jesusmärchen« und über die Greuel der Kirchengeschichte. Überhaupt seien die Christen gefährlich für das Dritte Reich und stünden wohl auch hinter dem Anschlag auf den Führer. Was ich geantwortet habe, weiß ich heute nicht mehr. Klar wurde mir dabei nur, daß Menschen meinen, mit Hilfe der Wissenschaft die Bibel herabziehen zu können.

Mit einem donnernden Verweis wurde ich entlassen und kam völlig in Schweiß gebadet zu meinen Kameraden zurück. Wenige Tage später kam der Hauptfeldwebel, zu dem ich persönlich ein gutes Verhältnis hatte, und sagte zu mir: »Der Chef will Sie auf ein Himmelfahrtskommando schicken.« So nannten wir damals besonders gefährliche Fronteinsätze. Das Erwartete geschah. Bis heute bin ich dankbar für dieses Kommando, denn Gottes Wege verlaufen anders, als wir Menschen denken.

Nicht lange danach befand ich mich in Bergen (Norwegen) auf »Kanonenboot K 1«, das nach gründlicher Überholung wieder ins Nördliche Eismeer fahren sollte. Viele altgediente Matrosen und Unteroffiziere waren an Bord, die meisten von ihnen mit Kriegsauszeichnungen versehen, die auf manch harten Einsatz schließen ließen.

Gleich in der ersten Nacht wurde mir die Mitternachtswache von 0.00 Uhr bis 4.00 Uhr übertragen. Fünf Minuten vor vier Uhr rief mich der Kommandant an, der mit den Offizieren gefeiert hatte, und befahl mich zu sich: »In fünf Minuten Anzug Ausgehuniform!« Und dabei hatte ich noch nicht einmal Zeit gehabt, meinen Seesack auszupacken.

Bis um 6.00 Uhr belehrte er mich eindringlich über meine Aufgaben und Verpflichtungen. Dann war Wecken, und ich hatte meinen Dienst zu versehen. Selbstverständlich inspizierte der Kommandant an diesem Morgen persönlich, ob der neue Fähnrich auch spurte! Über religiöse Fragen an Bord zu sprechen hatte er mir streng verboten, nachdem ich ihm erklärt hatte, daß ich Theologiestudent sei und so bald als möglich mit dem Studium beginnen wolle.

Wenige Tage später erlebte ich den Kommandant im Bombenhagel englischer Flugzeuge in hell leuchtender weißer Mütze auf dem Kommandoturm stehend und in Ruhe und Klarheit seine Befehle gebend. Für seine Person fürchtete er nichts, aber Schiff und Besatzung vor dem Untergang zu bewahren, das sah er als seine unabweisbare, selbstverständliche Pflicht an.

Am 16. Dezember 1944 brachten wir nördlich von Hammerfest ein norwegisches Schiff auf. Der Kommandant befahl mir, zusammen mit drei schwerbewaffneten Matrosen das Schiff nach Hammerfest zurückzubringen. Unser Schifflein ging unter, und wäre nicht unser Kanonenboot noch in erreichbarer Entfernung gewesen, hätte niemand von uns überlebt.

Die Außentemperatur betrug 33 Minusgrade! Nachdem alle Norweger und meine Matrosen in Sicherheit, d. h. mit Schwimmwesten im Wasser waren, traf mich ein schweres Holzstück und schlug mich besinnungslos. Als ich wieder zu mir kam, war das Schiff bereits unter Wasser, und ich konnte mich aus den Seilen nicht befreien.

Zwei Dinge standen in diesem Augenblick vor mir. Einmal die letzte Messung, die ich kurz vorher gemacht hatte: 168 Meter Wassertiefe. »Da liegst du gut«, war mein erster Gedanke. Und dann lief in unerhörter Klarheit und Unbestechlichkeit der Film meines Lebens vor mir ab. Am Ende dieses Films stand der Satz: »Verloren, in Ewigkeit verloren.« In meinem Herzen schrie ich auf und schlug so um mich, daß ich frei kam und bald an der Wasseroberfläche schwamm. Meine Schwimmweste tat das ihre, bis nach 25 Minuten die Kameraden vom Kanonenboot mich aus dem Wasser zogen, eingefroren bis zur Herzgegend. Und immer wieder stand es vor mir: »Verloren!« Was hätte ich ohne meine Bibel gemacht, in der ich Antwort fand auf diese unheimliche Frage.

Unser letztes Gefecht kam am 4. Mai 1945. Am hellichten Tage sollten wir einen Geleitzug von der Nordspitze Dänemarks nach dem Süden geleiten. Auf der Höhe von Aarhus begann ein englisches Fluggeschwader mit seinem Raketenangriff. Der Tod hielt reiche Ernte. Von 184 Mann Besatzung mußten an diesem sonnigen Maitag insgesamt 73 ihr Leben lassen. Als das Schiff mit schwerer Schlagseite im Wasser lag, mußten wir die Abwehr einstellen.

Selber schwer verwundet schleppte ich mich noch einmal in meine Kajüte, die mir in den letzten Monaten zur Heimat geworden war. Ich hatte es gut gehabt, denn hier konnte ich ungestört meine Bibel lesen und beten. Es galt alles hinter sich zu lassen, nur meine Bibel, die wollte ich nicht an Bord lassen.

Mit einem Griff hatte ich sie und war sofort wieder auf dem befohlenen Posten, als neben uns ein anderes Schiff in die Luft flog, das Munition geladen hatte. Noch einmal ging der Feuerzauber los. Als die Engländer das Feuer einstellten, war das Schiff bald menschenleer und die Schwerverwundeten ins Wasser geleitet worden. Unsere Rettungsboote waren zerschossen. Nur einige Rettungsflöße waren noch brauchbar. Als ich nur noch gefallene Kameraden um mich sah, kletterte ich dann über die seitliche Jakobsleiter bis zur Schlingerleiste, um dann mit einem weiten Sprung im Wasser zu landen.

Am Abend des gleichen Tages, nachdem wir mehrere Stunden im Wasser geschwommen waren, lag ich in Aarhus in einem Hilfslazarett, das in einer Schule untergebracht war. Die nassen Kleider hatte man uns ausgezogen: splitternackt, in Tücher gehüllt, kamen wir Verwundeten im Lazarett an. Die Ärzte und das Pflegepersonal waren völlig überfordert. Sie sollten die Verwundeten von mehreren Schiffen gleichzeitig versorgen. Der Arzt, der sich um mich kümmerte, fragte mich, was ich von Beruf sei. Als ich ihm sagte: »Theologiestudent«, schaute er mich groß an und meinte: »Lernen Sie ein Handwerk. Mit Ihren Kopfverletzungen liegen Sie in zwei Jahren unter dem Boden.« Wenig später war ich bewußtlos. Wie lange, ein, zwei oder mehr Tage, das weiß ich heute nicht mehr genau.

Als ich das Bewußtsein wieder erlangte und mir meinen schmerzenden Kopf hielt und die anderen Verletzungen spürte, da lag neben mir meine Bibel und das zerschossene Jackett, das ich beim Untergang getragen hatte. Meine Kameraden hatten mich gefunden und mir die Sachen gebracht. Die Bibel war zwar völlig aus dem Leim gegangen, und den Durchschuß des ledernen Umschlages bemerkte ich auch jetzt erst, aber es war meine Bibel. Es dauerte noch Tage, bis ich die Buchstaben wieder lesen konnte.

In dem großen zweckentfremdeten Klassenzimmer lagen wir in Stockwerkbetten. Hier ist noch manch ein Kamerad gestorben. Von einem will ich hier erzählen. Er stöhnte bei Nacht immer ganz besonders und war schrecklich zerschossen. Von der Ostfront war er hierher verlegt worden. Ich setzte mich zu ihm, sobald ich mein Bett verlassen konnte. Wir führten Gespräche miteinander, bis er anfing, mir sein Leben zu erzählen. Es war eine einzige Lebensbeichte.

Was sollte ich tun? Ich holte meine Bibel und las ihm ganz einfach die Geschichte vom verlorenen Sohn vor. Er hörte sie mit offenen Augen, hellwach. Schließlich fragte er mich, ob die Vaterarme auch für ihn offen seien, ob Jesus auch ihn meine. Dies konnte ich ihm von ganzem Herzen bestätigen. Er ließ das Wort wahr sein, er klammerte sich daran und konnte zwei Tage später in Frieden sterben. So lernte ich schon vor meinem Theologiestudium, daß dieses Bibelbuch nicht nur eine rettende, sondern auch eine tröstende Kraft besitzt, obwohl es uns unsere Verlorenheit hart vor die Seele stellt. Von diesen Erfahrungen her, suchte ich mir meine Lehrer im Studium, Lehrer, die mich einführen konnten in das Verständnis der Bibel. Trotz aller Warnungen von frommen Brüdern, das Theologiestudium im »Babylon« der Universität nicht aufzunehmen, begann ich mit dem Studium in Tübingen.

Zunächst stand mir immer noch die Warnung des Arztes vor Augen: »Zwei Jahre.« Wer kann an einem solchen Fachurteil vorübergehen, zumal kein Arzt bis heute den entscheidenden Splitter herausgeholt hat? Aber dann überwog die Freude, immer tiefer den Spuren der Bibel folgen zu können.

In Dankbarkeit nenne ich Lehrer, die das in besonderem Maße verstanden: die Professoren Otto Michel, Karl Heim,

Karl Elliger und Hans Rückert in Tübingen. In Göttingen waren es insbesondere Hans-Joachim Iwand, Gerhard von Rad, Günther Bornkamm und Wolfgang Trillhaas. Unvergeßlich bleiben mir die Bibelstunden bei Kerzenschein, die in Göttingen der ehemalige Präses des Gnadauer Verbandes uns Theologiestudenten hielt, Pastor D. Michaelis.

Wenn ich meine Bibel heute aufschlage, dann halte ich es mit Martin Luther und weiß, daß ich es nicht weiter bringen werde als er: »Neige dich tief anbetend vor ihren Spuren. Wir sind Bettler, das ist wahr.«

Manfred Hausmann

Geboren am 10. 9. 1898 in Kassel – aufgewachsen in Göttingen – Soldat im Ersten Weltkrieg – Studium in Göttingen, München (Dr. phil. 1922) und Heidelberg – 1967 ordiniert zum Laienprediger in der evangelisch-reformierten Kirche – deutscher Dichter und Schriftsteller.

So fanden wir uns

Die folgenden Artikel sind entnommen aus: Manfred Hausmann, Kleine Begegnungen mit großen Leuten, Neukirchener Verlag des Erziehungsvereins GmbH, Neukirchen-Vluyn, 6. A. 1981. Manfred Hausmann, Kreise um eine Mitte, Neukirchener Verlag des Erziehungsvereins GmbH, Neukirchen-Vluyn, 3., erw. A. 1973

An einem Sonntag des Jahres 1921 besuchte ich, ein zweiundzwanzigjähriger Student, mit meinen Eltern den Gottesdienst in der kleinen Kirche der evangelisch-reformierten Gemeinde zu Göttingen. Es geschah durchaus meinen Eltern zuliebe und nicht etwa meiner religiösen Erbauung wegen. Mein Sinnen und Trachten war auf etwas ganz anderes gerichtet. Ich kam aus München, wo ich germanistischen, kunstgeschichtlichen und philosophischen Studien oblag oder obliegen sollte, in Wirklichkeit aber einer mehr oder weniger fragwürdigen politischen

Tätigkeit nachging. Als ich zwei Jahre vorher mit durchschossenem Fuß, den ich einem französischen Granatsplitter verdankte, in München eingetroffen war, hatte ich nach ein paar Tagen meinen Ausweisungsbefehl in Händen. Ausländische Studenten – und ich als Preuße war natürlich Ausländer – durften in München nicht studieren. Nur wer einen anderweitigen Arbeits- oder Anstellungsvertrag vorzeigen konnte, bekam die Zuzugsgenehmigung. Nach einem weiteren Tag war ich Büroangestellter bei einem Rechtsanwalt Kauffmann, der außerdem in der Leitung der Münchner Kammerspiele saß. Er hatte gerade die Verteidigung des Dichters Ernst Toller übernommen. Toller war, zusammen mit dem Dichter Gustav Landauer, dem Anarchisten Erich Mühsam und dem Träumer Silvio Gesell Minister in der Räterepublik Bayern gewesen und wartete nach deren Sturz durch das Freikorps Epp im Stadelheimer Gefängnis auf seinen Prozeß. Es ging um nicht weniger als um sein Leben. Der Ministerpräsident der Räteregierung, Eugen Levinée, der einzige unter diesen Intellektuellen, der etwas von praktischer Politik verstand, war bereits zum Tode verurteilt und sofort erschossen worden. Mir fiel die Aufgabe zu, alle möglichen Unterlagen und Fakten aufzuspüren und herbeizuschaffen, die Toller entlasten und den Ankläger in Verlegenheit bringen sollten. Weil an sie nur auf ungesetzlichem Wege heranzukommen war, konnte der Anwalt sie nicht selbst an sich ziehen. Mit dem Eifer und der Unbedenklichkeit eines angehenden Menschheitsbeglückers machte ich mich ans Werk. Dabei mußte ich Toller zu wiederholten Malen in seiner Zelle aufsuchen, um gewisse Auskünfte und Hinweise von ihm zu erhalten. Zu meiner Verblüffung und wachsenden Ernüchterung behandelte er meine Fragen mit einer Sorglosigkeit, die wenig angebracht war, und verlangte vielmehr, ich solle ihm ein Mittel besorgen, durch das er seinen auf der Flucht rotgefärbten Haaren ihre ursprüngliche Farbe zurückgeben könne. Offensichtlich war ihm daran gelegen, vor Gericht als ansehnlicher Mann aufzutreten. Und selbst als ich ihn anfuhr, er möge statt an sein Haar lieber an seinen Kopf denken, blieb er bei seinem unsinnigen Verlangen. Und er kam auch bis zuletzt nicht davon los, zumal das Präparat, das ich ihm schließlich beschaffte, aus dem Rot eine Art von Grün machte. An dem Angeklagten lag es jedenfalls zum geringsten Teil, daß seine Sache so glimpflich ablief. Das Urteil lautete auf sechs Jahre Festungshaft und kam einem Freispruch gleich. Durch die Festungsstrafe bescheinigte es ihm außerdem die Ehrenhaftigkeit seines Handelns. Der Anwalt hatte sich selbst übertroffen. Aber für mich war ein Idol von seinem Sockel gefallen. So ungerecht kann die Jugend sein.

Das hinderte mich natürlich nicht, auch weiterhin das Studium nur beiläufig und mein wirres, dafür aber um so leidenschaftlicheres politisches Freibeutertum als Hauptfach zu betreiben. Ich marschierte in jedem Demonstrationszug hinter der roten Fahne her, sang aus hingabevollem Herzen das »Brüder, zur Sonne, zur Freiheit, Brüder, zum Lichte empor« mit, wetzte, wenn Schüsse fielen, hinter die nächste Ecke, schrie und trampelte in Versammlungen und diskutierte in Schwabinger Ateliers mit Gläubigen und Ungläubigen bis zum Morgengrauen über die paradiesische Zukunft und über den Weg dorthin. Kaum einer von uns hatte »Das Kapital« gelesen. Und wer sich darangemacht hatte, war nicht damit fertig geworden. Ich auch nicht.

Aus dieser gärenden und widerspruchsvollen Welt kam ich also, und an diese Welt dachte ich, als ich an jenem Sonntag die Kirche betrat. Ich ahnte nicht im geringsten, was mich erwartete. Statt des mir vertrauten Gemeindepfarrers hielt ein anderer den Gottesdienst, ein Fremder mit einer kehligen und leicht angerauhten Aussprache, der den Predigttext auf eine so ungewohnte Weise anging, daß ich sofort, ob ich wollte oder nicht, gepackt war. Das Gepacktsein steigerte sich im Verlauf des Gottesdienstes zu einem Aufgewühltsein, zu einem Um- undumgekehrtsein, zu einer Erschütterung, die bis in die letzten Tiefen meines Wesen drang. So etwas hatte ich bei einer Predigt noch nicht erlebt. Ich verließ die Kirche als einer, der nicht mehr wußte, wo er bleiben sollte. Der Blitz war nicht neben mir niedergefahren, sondern mitten in mich hinein. Ich taumelte nur so. Hier war die Revolution, von der ich die ganze Zeit über etwas geahnt hatte, dunkel nur und unklar, aber doch unabweisbar, die Revolution, die nicht die Dinge, sondern erst einmal den Menschen veränderte, und zwar mit einer Radikalität, von deren Gewalt und Unheimlichkeit die Leute in München und anderswo sich nichts träumen ließen. Denn hier war vermittels dieses merkwürdigen Pfarrers einer am Werke, von dem ich mir bislang eine grundfalsche Vorstellung gemacht, dessen Existenz ich bezweifelt, mit dem ich mich weiter nicht eingelassen hatte. Aber jetzt hatte er sich mit mir eingelassen, und wie er sich mit mir eingelassen hatte! Jetzt wurde alles anders.

Von meinem Vater, der dem Gottesdienst weit gelassener gefolgt war als ich, erfuhr ich, daß der Fremde Karl Barth hieß, aus Basel stammte, Professor der Theologie war und hin und wieder in unserer Kirche predigte. Ein Kommentar von ihm über den Römerbrief scheine die Theologen und nicht nur die Theologen ziemlich durcheinandergebracht zu haben. Ich konnte mir's gut vorstellen.

Die Begegnung mit Karl Barth in Göttingen war der Anfang einer über Jahre und Jahrzehnte sich hinziehenden Revolutionierung meines Gewissens, durch die meine Haltung in der Welt von Grund auf verändert wurde: Die Haltung verwandelte sich in ihr Gegenteil, in ein Gehaltenwerden. Aus dem Vertrauen auf die Macht des menschlichen Geistes wurde die Einsicht in die Gebrechlichkeit und Hilflosigkeit ebendieses Geistes. Aus der versteckten Anbetung der Selbstherrlichkeit die offene Anbetung der Gottesherrlichkeit.

Durch Karl Barth kam ich zu Kierkegaard, zu Dostojewski, zur Bibel und noch einmal und immer wieder zur Bibel. Sie hat nicht ihresgleichen auf Erden, weder als Dichtung – dem größten Teil der Menschheit wird diese atemraubende Dichtung freilich vorenthalten – weder als Dichtung noch als Kunde vom Wesen des Menschen, noch als Offenbarmachung des dreieinigen Gottes. Und dabei bin ich geblieben, denn hier ist gut sein. Aber nicht im Sinne eines Gefeit- und Abgesichertseins gegen die Mächte des Abgrunds, sondern in immer neuer, verzweiflungsvoller Angefochtenheit und in immer neuer Geborgenheit.

Wer von der Bibel in der Hand des Menschen spricht, beschwört eine Gefahr herauf. Die Wendung könnte so mißverstanden werden, als sei es einem Menschen möglich, die Bibel wie irgendein Ding in die Hand zu nehmen, sie zu behandeln, über sie zu verfügen. Ein solches Verständnis des Themas würde den wahren Sachverhalt in sein Gegenteil verkehren. Denn nicht der Mensch behandelt die Bibel, sondern die Bibel behandelt den Menschen. Und zwar in einer Weise, wie ihn bislang noch niemand und nichts behandelt hat. Ein Negerjunge vom Kongo, der einer Bibellesung in seiner Muttersprache beigewohnt hatte, bat den Missionar, ihm das Buch zu leihen, er wolle es mit in sein Dschungeldorf nehmen und seinen Angehörigen daraus vorlesen. Als der Missionar ihn fragte, was ihm denn an dem Buch so gefallen habe, antwortete er: »Es macht Löcher in mein Herz.« Wenn man das hört, dann versteht man das Wort Christi: »Ich preise dich, Vater und Herr des Himmels und der Erde, daß du solches den Weisen und Klugen verborgen hast, und hast es den Unmündigen offenbart.« So und nicht anders geht das Wort Gottes, wie es in der Bibel bezeugt wird, mit dem Menschen um: es fährt wie ein Messer in sein Herz. Wir Abendländer drücken uns gebildeter aus, indem wir sagen, das Wort Gottes treffe den Menschen existentiell. Es ist nur die Frage, ob die unmündige Ausdrucksweise die Wirkungskraft der Bibel nicht realistischer beschreibt als die blasse Begrifflichkeit der Philosophie. Die Begegnung zwischen Menschen und Bibel, zwischen Bibel und Mensch ist keine spekulative Veranstaltung, auch keine literarische und keine religiöse. Sie hat nichts Feierliches an sich und erst recht nichts Erhebendes. Hier wird der Mensch sehr unfeierlich, um nicht zu sagen brutal, überwältigt und zu Boden geworfen. Es werden Löcher in sein Herz gemacht. In die Mitte seines Wesens. Es geht ihm an die Nieren, wie es im Alten Testament heißt. Wenigstens zunächst. Ehe das nicht geschehen ist, weiß der Mensch auch nicht, mit wem er es eigentlich zu tun hat.

Kurt Heimbucher

Geboren 1928 in Nürnberg – Studium der Theologie in Erlangen – Vikariat in Nürnberg und später Pastor an der St.-Johannes-Kirche in Nürnberg – Mitarbeiter im CVJM Bayern – seit 1971 Präses des Deutschen Verbandes für Gemeinschaftspflege und Evangelisation – Gnadauer Verband – seit 1974 hauptamtlich – Mitglied des Vorstandes der Deutschen Evang. Allianz – seit 1981 stellvertretender Vorsitzender der Deutschen Evang. Allianz – Mitglied der Synode der Luth. Landeskirche von Bayern.

Wie wir uns fanden

Es gehört zu meinen frühen Kindheitserinnerungen: Meine gute Großmutter, bei der ich die ersten Jahre meines Lebens zubrachte, ging mit mir in den Kindergottesdienst. Ich mag drei Jahre alt gewesen sein, als das zum erstenmal geschah. Um elf Uhr saß ich neben Großmutter in der Dreieinigkeitskirche in Gostenhof in Nürnberg. Der Pfarrer Höhne, der so lieb mit Kindern umgehen konnte und den ich bald liebgewann, hielt den Kindergottesdienst. Das ging so Sonntag für Sonntag: Großmutter und ich gingen in die Kirche, derweil die Tante zu Hause das Mittagsmahl bereitete.

Eine Kinderbibel hatte ich, soweit ich mich erinnern kann,

nicht. Die Großmutter mußte mir die biblische Geschichte immer wieder erzählen, die am Sonntag dran war.

So hatte ich schon als kleines Kind die erste Begegnung mit dem biblischen Wort.

Ich wuchs in der Zeit des Dritten Reiches auf. Damals war die Bibel in der Öffentlichkeit nicht großgeschrieben. Ich hatte nach ihr wohl auch kein Verlangen. Es waren andere Worte, Parolen und Phrasen, wie ich aber erst später erkannte, die uns mitrissen und innerlich in Beschlag nahmen.

Im Jahre 1943 wurde ich konfirmiert – in der Christuskirche in Nürnberg. Alles bangte, ob nicht ein Luftalarm oder gar ein Luftangriff die Feier und damit den Tag zerstören würde. Mir wurde der Spruch mitgegeben: »Jesus Christus spricht: So ihr an meiner Rede bleibt, so seid ihr meine rechten Jünger.« Ich hatte diesen Spruch bald vergessen, nicht ahnend, daß er einmal für mein Leben die entscheidende Rolle spielen sollte.

Fünfzehnjährig wurde ich eingezogen: Luftwaffenhelfer – Arbeitsdienstmann – Gebirgsartillerist. Meine liebe Mutter hat in meinen Koffer, den sie mir zusammenpackte, als ich zum Arbeitsdienst mußte, ein Neues Testament gelegt. Sie wußte um die Kraft und den Trost des Wortes, und sie war der Überzeugung, daß das ihrem Jungen eine Hilfe sein könnte, wenn er in schwierige Lagen käme.

Als ich in Grafenstein, in der Nähe von Klagenfurt in Kärnten, im Arbeitsdienstlager ankam und meinen Koffer auspackte, habe ich mich des Büchleins willen ein wenig geschämt. »Hoffentlich hat keiner gesehen, was ich da bei mir habe«, dachte ich. Ich fürchtete mich vor dem Spottgeheul der Vorgesetzten und Kameraden. »Eine Bibel, wo gibt's denn so etwas! Gehörst du zu den Frommen? Ist doch alles Unsinn, was da steht. Hast dich wohl auch von den Pfaffen verdummen lassen?« So oder ähnlich oder noch schlimmer würden die zynischen Bemerkungen lauten. Und ich wäre überall schon unten durch. So versteckte ich mein Neues Testament ganz hinten im Spind, damit es keiner entdecken sollte.

Wer es entdeckt hat? Wo es hingekommen ist? Ich weiß es

nicht. Jedenfalls war es eines Tages nicht mehr da. Es wurde nie darüber gesprochen. Es war ganz einfach verschwunden.

In den Schreckenstagen des zu Ende gehenden Krieges ist mir der lebendige Christus begegnet. Mir wurde klar: Jetzt bricht eine Welt zusammen, eine Welt, auf die du gebaut und vertraut hast, jetzt bleibt nur noch die Alternative: entweder mit den alten Parolen und Führern untergehen oder es auf diesen Christus wagen, der nach meinem Leben gegriffen hat. Ich wählte den zweiten Weg und gewann das Leben.

In der Kriegsgefangenschaft konnte ich keine Bibel bekommen. Denn dies war mir nun klar: Wer Christus gehören will, braucht die Bibel. Nur in der Bibel kann ich Christus kennenlernen und sein Wort hören.

Ich kehrte aufgrund meines jugendlichen Alters, ich war kaum 17 Jahre, bald aus der Gefangenschaft heim. Nun war für mich zweierlei wichtig: Ich wollte wissen, wie mein Konfirmationsspruch lautete, und ich brauchte eine Bibel. Christus hatte mir inzwischen klargemacht, daß er mich ganz in seinen Dienst haben wollte.

Ich ging in mein Heimatpfarramt St. Leonhard in Nürnberg. Unsere alte schöne St.-Leonhards-Kirche war zerbomt und lag in Trümmern. Das Pfarrhaus lag in Schutt und Asche. Überall Zerstörung – Wahnsinnszeichen eines schrecklichen Krieges. Schließlich fand ich das Pfarramt. Die Kirchenbücher waren gerettet. Ich suchte im Konfirmationsbuch nach meinem Namen und dem Spruch. Da stand es schwarz auf weiß: »So ihr an meiner Rede bleibt, so seid ihr meine rechten Jünger« (Joh 8,31). Dieses Wort hat mich durch das Studium begleitet, und immer, wenn ich mich über die Bibel erheben wollte, war mein Konfirmationsspruch mir Mahnung und Hilfe.

Schließlich bekam ich auch bald eine Bibel geschenkt. Sie war schon alt. Der Druck von vorgestern. Aber was machte das schon. Das Wort ist immer gleich, und wer Hunger, geistlichen Hunger hat, hält sich nicht bei den äußeren Dingen auf.

Ich lebte damals unmittelbar nach dem Kriege mit meinen

Eltern und meinem Bruder in einer kleinen Notwohnung vor den Toren Nürnbergs. Der Krieg hatte auch unser Haus zerstört. Zweimal sechs Quadratmeter hatten wir: Schlafkammer und Küche. In die Schlafkammer paßten nicht mehr als zwei Betten, in denen wir zu viert schliefen. Ich denke noch daran, wie ich auf der Bettkante saß und in der Bibel las. Äußerlich alles arm und in der Hand der Reichtum des göttlichen Wortes. Oft hatte ich einen Zettel Papier bei mir, um mir allerlei aufzuschreiben, was mir beim Lesen der Bibel in den Sinn kam. Da es damals kaum Bücher gab – meine Jungenbibliothek war ein Raub der Flammen geworden –, war die Bibel das einzige Buch, das ich hatte und auf dessen Lektüre ich mich nun ganz konzentrieren konnte. Bald kam ich in den CVJM. Nach kurzer Zeit war ich dort Mitarbeiter und mußte in der Jungschar und im Jungenkreis Andachten und Bibelarbeiten halten. Da galt es die Heilige Schrift zu studieren. Wir hatten in unserem CVJM »Väter in Christus«, die in der Bibel daheim waren und die uns in ihren lebendigen Bibelstunden das Wort Gottes nahebrachten und lieb machten. Unvergeßliche Stunden! Ich weiß gar nicht, wem ich im Blick auf die Liebe zur Bibel, auf Schrifterkenntnis und Schriftauslegung, mehr verdanke – meinen theologischen Lehrern oder diesen schlichten Männern, die im Wort wohnten.

So wurde mir die Bibel groß und lieb, indem ich das Wort las, studierte und es mir sagen ließ.

Wie wir uns fanden – meine Bibel und ich?

Gott hat da ein paar Leute gebraucht, die dazugeholfen haben. Ich habe sie schon erwähnt: meine gute Großmutter, meine liebe Mutter, einige Pfarrer und ein paar einfache Väter in Christus.

Ich weiß noch, wie wir in unserer Bibelstunde im CVJM das Bibellied gesungen haben. Es ist ganz schlicht und einfach. Aber dieses Lied ist uns lieb geworden, weil Menschen es gesungen haben, die als Blutzeugen für den Herrn Jesus ihr Leben gelassen haben.

Das Lied beginnt so:

»Kann nimmermehr dich lassen, mein teures Bibelbuch, ich fand darin den Heiland, der meine Sünden trug.
Nimmermehr, niemals, nimmermehr, niemals, lass' ich von meiner Bibel,
nimmermehr, niemals, nimmermehr, niemals, lass' ich mein Bibelbuch.«

Das ist die »Liebeserklärung« von Menschen, die auf das Wort der Bibel nicht mehr verzichten wollen und können. Als wir uns fanden, begann ich zu begreifen: Es gibt in dieser Welt viele große, schöne, wertvolle, berauschende Worte, aber es gibt nur ein Wort, das in den Feuerzonen und Todesstunden des Lebens trägt und hält. Ich habe das oft erlebt in meinem Leben und im Leben anderer Menschen. Wenn die Sonne aufgeht, verblaßen die Sterne. Wenn das göttliche Wort anfängt zu leuchten, verlieren die Wörter ihren Glanz.

Ich habe eine große Bibliothek, in der beileibe nicht nur theologische Literatur zu finden ist. Sollte ich je einmal in die Lage kommen, mich für ein Buch entscheiden zu müssen, fiele mir die Wahl nicht schwer. Ich griffe zu meiner Bibel. Von keinem anderen Buch kann ich das so sagen, so innig und so verliebt: Mein Buch – meine Bibel.

Horst Marquardt

Geboren 1929 in Berlin – Kindheit und Schulzeit in Breslau – durch Kriegs- und Nachkriegswirren in die Mark Brandenburg verschlagen – Tätigkeit als Rundfunkjournalist – in der Auseinandersetzung mit politischen und ideologischen Fragen Entdeckung der Bibel – Studium der Theologie – später Pastor der Evangelisch-methodistischen Kirche in Berlin und Wien – seit 1960 Programmdirektor des Evangeliums-Rundfunks in Wetzlar – Mitglied des Hauptvorstandes der Deutschen Evang. Allianz und anderer Gremien – Gründer und Vorsitzender des Informationsdienstes der Evang. Allianz (idea).

Diesem Wort kann man vertrauen

Nach Radio Moskau ist Trans World Radio (in Deutschland: Evangeliums-Rundfunk) das Rundfunkunternehmen mit dem vielseitigsten Angebot bedeutender Sprachen. Über 75 sind es, in denen Woche für Woche die Botschaft der Bibel in alle Welt getragen wird.

Obwohl die Missionsleitung Menschen, die diese Arbeit tun, einzeln von Gott erbitten muß, und obwohl keine finanzielle Sicherheit gegeben ist, die die Fortdauer des Dienstes garantiert, werden christliche Radioprogramme nun schon über zweieinhalb Jahrzehnte hindurch ausgestrahlt.

Das Geheimnis des göttlichen Segens, der diese Arbeit begleitet, liegt meines Erachtens in der kompromißlosen Bereitschaft der Gründer und Mitarbeiter, Gott zu vertrauen und seinen Auftrag ernstzunehmen, alle Menschen wissen zu lassen, daß er sie liebt und daß er sie zur Erkenntnis der Wahrheit führen will (1 Tim 2,4).

Ich hatte das Vorrecht, die deutsche Abteilung von Trans World Radio, den Evangeliums-Rundfunk, von Anfang an begleiten zu dürfen. Wir wollten und wollen Gottes Wort in seinem ganzen Reichtum entfalten und zugleich gegenüber einer Vielzahl von Stimmen, die es im »Raum der Kirche« gibt, abgrenzen.

Wenn man Zeuge werden durfte, wie Gott das kleine Pflänzlein des Evangeliums-Rundfunks wachsen ließ und wie er es gebraucht hat im Inland und später auch im Ausland – dann kann man sich nur wundern. Ich meine, daß Gottes Freundlichkeit vor allem deshalb über dieser Arbeit gewesen ist, weil auch nach Jahren die Konsequenz der Gründer beibehalten wurde: keine Abstriche am Wort Gottes und Weitergabe der biblischen Botschaft, so klar und unmißverständlich, daß jeder weiß, wovon gesprochen wird – einerseits in Ehrfurcht vor dem überlieferten Wort, andererseits aber so unmißverständlich, daß gerade der Mensch unserer Zeit versteht, wovon die Rede ist.

Es ist sicher nicht uninteressant, daß eine Vielzahl von Hörern mitteilt, daß sie in ihrer Stadt oder in ihrem Dorf geistlich nicht oder nur mangelhaft versorgt seien. Gelegentlich fällt der bewegende Satz (ich lese ihn relativ häufig): »Wir sind so dankbar, daß wir im Evangeliums-Rundfunk ›lebendiges Brot‹ empfangen und keine ›Steine‹!«

Es macht Freude, mitzuerleben, daß etwa 100 Mitarbeiter auf eben derselben Glaubensgrundlage ihre tägliche Arbeit tun, daß inzwischen über 800 Männer und Frauen aus den verschiedenen Kirchen, Freikirchen und Gemeinschaften in der Rundfunkverkündigung mithelfen und daß ein Netz von 1 200 Seelsorgehelfern bereit ist, solchen Hörern nachzugehen, denen von der

Zentrale in Wetzlar aus nicht geholfen werden kann. Das alles immer wieder auf der einen Basis: Anerkennung der Heiligen Schrift als dem Wort Gottes, auf das man sich völlig verlassen kann!

Daß ich selbst zu dieser Glaubenseinstellung kam, verdanke ich meinen Eltern, die mich christlich erzogen haben. Allerdings mußten sie über viele Jahre befürchten, daß alle ihre Bemühungen vergeblich seien. Ich gehöre zu einem Jahrgang, der gerade noch der Kriegsmaschinerie Hitlers entging, der aber doch die ganze Verführungskunst des »Dritten Reiches« kennenlernte. Ich erinnere mich sehr wohl, daß mich mein Vater kritisierte, wenn ich voller Begeisterung in die Kinderorganisation der Hitlerjugend, das sogenante »Jungvolk« ging, um dort meinen »Dienst« zu tun. »Du wirst schon noch sehen, wo das hinführt«, sagte er mir. Aber ich wollte ihm nicht glauben. Ich wollte noch nicht einmal wahrhaben, daß dieses Regime zum Untergang verurteilt war, als ich als junger Volkssturmmann zur Verteidigung Breslaus herangezogen wurde, dann aber auf wunderbare Weise noch kurz vor der Einschließung der Stadt hinaus kam.

Nach dem Zusammenbruch des Hitlerreiches begann im russisch besetzten Teil unseres Landes, in dem ich damals wohnte, eine systematische Umerziehung junger Menschen, erst in den sogenannten Antifaschistischen Jugendausschüssen, später in der Freien Deutschen Jugend. Daß nunmehr unter einer anderen Fahne marschiert und gesungen wurde, war zwar etwas schnell gegangen, half aber doch über manche Leere und Enttäuschung der ersten Nachkriegswochen und -monate hinweg. Ich bekam bald einige verantwortungsvolle Funktionen übertragen. Vermutlich verdankte ich es meiner Arbeit in dieser Jugendorganisation, daß ich eines Tages als Rundfunkjournalist angestellt wurde mit dem Auftrag, eine Jugendfunkabteilung zu leiten. Der Gedanke, über Rundfunk Tausende von Menschen auf einmal zu erreichen und ihnen etwas Wesentliches zu vermitteln, faszinierte mich. Ich nahm zumindest an, daß das, was ich weitergab, wesentlich sei! Ich wollte jungen Menschen helfen – jedenfalls soweit ich es verstand.

Damals wurde ich intensiv politisch und weltanschaulich beeinflußt. Es konnten Männer und Frauen in einer Stellung, wie sie mir übertragen worden war, nur bestehen, wenn sie den historisch-dialektischen Materialismus studierten und sich politisch schulen ließen.

Wir wurden nach marxistischen Wertvorstellungen und Ordnungsbegriffen erzogen. Das waren in einem gewissen Sinne Maßstäbe, an denen man auch die Mitgenossen messen konnte und an denen man natürlich selbst gemessen wurde. Es machte mich unglücklich, daß ich sehr bald feststellte, daß zwischen der Theorie der für mich neuen Weltanschauung und dem Leben vieler Funktionäre große Unterschiede bestanden. Ich fühlte mich verschaukelt und hatte keine innere Bereitschaft, diese Doppelbödigkeit mitzumachen, mich privat anders zu geben als in der Öffentlichkeit. Es fiel mir schwer, es einzugestehen, und doch mußte ich mir eines Tages sagen: Du bist zum zweiten Mal auf einem falschen Weg. Dein Hitler-Glaube hat dir nichts gebracht, und das, was du jetzt anstrebst, bringt der Welt auch nicht die Hilfe, die sie braucht.

Ich wurde innerlich sehr unruhig und auch sehr unfroh.

Eines Tages stand ich vor meinen Büchern. Ich hoffte, eines zu entdecken, in dem ich geistigen Zuspruch oder sogar Wegweisung finden würde. Ich suchte wahllos und machte plötzlich eine eigenartige Erfahrung: Meine Hand griff ein Buch, das ich bewußt eigentlich gar nicht haben wollte. Als ich es herauszog, entdeckte ich, daß es ein Neues Testament war, das ich immer mit mir herumgeschleppt hatte, aber nie aufgeschlagen und daher natürlich auch nicht gelesen hatte.

Ich hielt dieses Buch in der Hand und erinnerte mich mancher Erfahrung aus der Kindheit. Doch wußte ich nichts mit dem Gedruckten anzufangen. Unentschlossen blätterte ich ein wenig darin herum und hielt es schließlich geöffnet beim 2. Timotheusbrief, Kapitel 3. Meine Augen glitten über den Text. Wie sehr war ich überrascht, als ich plötzlich las: »Mit den bösen Menschen aber und verführerischen wird's je länger je ärger: Sie verführen und werden verführt.« Das war eigentlich meine

Situation. Ich fühlte mich verführt und hatte den Eindruck, auch andere zu verführen. Ich las weiter: »Du aber bleibe in dem, was du gelernt hast und dir vertraut ist, sintemal du weißt, von wem du gelernt hast. Und weil du von Kind auf die Heilige Schrift weißt, kann dich dieselbe unterweisen zur Seligkeit durch den Glauben an Christum Jesum.«

Dieses Wort packte mich dermaßen, daß ich auf die Knie ging. Sicher hatte ich als Kind gehört, daß man auf den Knien beten kann, doch war das längst aus meinem Bewußtsein verschwunden. Ich machte mir im Moment auch keine Gedanken darüber, sondern wunderte mich nur, daß ich auf dem Boden lag. Ich hatte den Eindruck, daß das die einzige angemessene Haltung ist. Dann geschah etwas ganz Wunderbares. Ich betete auf einmal, so wie ich noch nie in meinem Leben gebetet hatte. Ich konnte den Gott anreden, von dem jener paulinische Brief sprach, den ich gerade las, den Gott, von dem in diesem ganzen Buch soviel geredet wurde und den ich noch bisher nicht hatte hören wollen.

Auch die beiden anderen Verse packten mich: »Denn alle Schrift, von Gott eingegeben, ist nütze zur Lehre, zur Strafe, zur Besserung, zur Züchtigung in der Gerechtigkeit, daß ein Mensch Gottes sei vollkommen, zu allem guten Werk geschickt.«

Erst später wurde mir bewußt, daß gerade mit jener Bibelstelle Gott sehr nachhaltig auch in mein Denken eingegriffen hatte und Voraussetzungen für meine spätere theologische Einstellung geschaffen hatte. Es war mir seit jener Stunde nie ein Problem, im Glauben zu akzeptieren, daß alle Schrift von Gott eingegeben ist. Ich wußte damals natürlich nicht, welche theologische Bedeutung dieser Aussage beizumessen ist. Ich wußte auch nicht, was mit mir geschah. Ich hatte ja eine maßstabgerechte pietistische Bekehrung erlebt! Aber eines war mir klar: Jetzt ist etwas mit dir geschehen. Jetzt fängt etwas Neues an.

Ich konnte Gott bitten, mir meine Sünde und Schuld zu vergeben. Ich konnte Jesus anrufen und ihm sagen, daß ich ihn als Herrn meines Lebens erwählt habe. – Die Freude über meine Bekehrung war so groß, daß andere sie spürten. Ich hatte zwar nicht den Mut, überall laut zu erzählen, was mit mir geschehen war, doch habe ich hier und da versucht, zu erklären, was ich erlebt hatte. Da rührte sich natürlich auch sehr bald Widerstand und Kritik an meinem Denken und Verhalten. Ich habe darum die Arbeit, die mir soviel bedeutete, aufgegeben und in einer Kirchengemeinde Aufnahme gesucht, zu der Freunde meiner Eltern gehörten. Mehr noch: Es war eine Gemeinde, in der meine Eltern Jahre zuvor ebenfalls zu Hause waren, eine Gemeinde, in der ich nicht unbekannt war, in der mancher lebte, der für mich gebetet hatte.

Wenn ich mich jener Stunden erinnere, sind sie mir wieder gegenwärtig! Ich bin noch überwältigt, daß Gott mit seinem Wort die Kraft hat, ein Leben von einem Augenblick zum anderen in eine neue Richtung zu lenken! Ich danke Gott, daß er so unmißverständlich zu mir gesprochen hat.

Ich hatte die Freude, zwei Männern zu begegnen, die meine geistliche Geburtsstunde bewußt wahrnahmen und mich berieten. Einer davon war ein Onkel, der andere war ein Onkel der Frau, die ich später heiratete. Ich danke es meinem Onkel, daß er meine Bibelnot erkannte. Ich hatte Schwierigkeiten mit der Luther-Übersetzung. Ich meinte, es müßte nun so weitergehen, daß mich auf allen Seiten das Wort ähnlich anspräche wie am Abend meiner Bekehrung, doch das war nicht der Fall. Da schenkte mir jener Onkel ein Neues Testament nach der Übertragung von Friedrich Pfäfflin. Ich lebte damals in Berlin und weiß noch sehr gut, daß ich diese für meine damaligen Begriffe sehr volkstümliche Übertragung heißhungrig verschlang. Ich habe sie überall hin mitgenommen – wenn ich mit der U-Bahn oder mit dem Autobus fuhr – und war traurig, als ich nach verhältnismäßig kurzer Zeit an die letzte Seite kam!

Es hat in den letzten Jahren sehr viele Bibelrevisionen und Übersetzungen und Übertragungen gegeben, viele davon recht wertvoll. Mir ist der Pfäfflin-Text vertraut geblieben. Einen Vers liebe ich vor allen, das Wort aus Epheser 6,10: »Christus – das bedeutet Kraftzufuhr stärkster Art.«

Siegfried Meurer

Jahrgang 1934 – seit 1974 Generalsekretär der Deutschen Bibelgesellschaft (Evangelisches Bibelwerk) – vorher Abteilungsleiter im Diakonischen Werk der Rheinischen Kirche und 10 Jahre lang Pfarrer der Ev.-ref. Gemeinde Elberfeld. Als Mann der Bibelgesellschaften ist er besonders durch seine Impulse zur Stärkung des »Bibelbewußtseins« in den Gemeinden und durch sein Engagement für die »Weltbibelhilfe« hervorgetreten.

Erste Begegnungen mit der Heiligen Schrift

Er steht mir immer noch vor Augen, obwohl er längst nicht mehr lebt. Ich habe keine Schwierigkeiten, ihn mir so vorzustellen, wie ich ihn im Jahre 1945 erlebte, als ich zu ihm in den Konfirmandenunterricht ging. Er hatte eine mittlere Größe, war etwas stattlich und hat schon deshalb Eindruck auf uns Katechumenen gemacht, die wir ziemlich schmächtig waren, weil es nie genügend zu essen gab. Wir mochten ihn, weil er väterlich und gütig war. Wir begriffen, daß er Kinder gerne um sich hatte und ihnen etwas ganz Wichtiges mit auf den Weg geben wollte. Wenn er seine Bibel aufschlug und daraus vorlas, dann tat er das mit einer Ehrfurcht, die uns ahnen ließ, daß ihm dieses Buch und der Inhalt wichtiger als alles andere war. Fast keiner von uns besaß damals eine eigene Bibel. Deshalb lasen wir nicht, sondern es wurde vorgelesen. Die Versstellen der Bibel wurden gelesen, erklärt, miteinander besprochen, dann diktiert und mußten von uns auswendig gelernt werden. Ich erinnere mich ganz deutlich, daß wir dies sogar gern taten, einmal weil es von Eltern und Katechumenen als eine Selbstverständlichkeit akzeptiert war, zweitens auch deshalb, weil wir das Auswendiglernen als eine Art Sport betrieben, von dem nur einer ausgenommen war, der Sprachschwierigkeiten hatte und unter dem besonderen Schutz unseres Konfirmators stand. Vielleicht haben wir auch deshalb Sprüche, Psalmen, Teile der Bergpredigt auswendig gelernt, weil wir ihn mochten. Wir haben gewiß nicht alles verstanden, was er uns vorlas oder auswendig lernen ließ, aber dieser Pfarrer hat uns eine Achtung und Ehrfurcht vor dem Worte Gottes vermittelt, die für uns alle, gewiß aber für mich mit von entscheidender Bedeutung bleiben sollte.

Allerdings entstand sehr bald auch eine Kontaktscheu gegenüber dem Buch der Bücher. Ich hatte zur Konfirmation eine Bibel geschenkt bekommen und sie zu lesen versucht. Es war mein Ehrgeiz, sie von Anfang bis zum Ende einmal durchzulesen, womit ich aber kläglich scheiterte, obwohl ich mehrere Male den Versuch dazu unternahm. Der Inhalt war mir zu schwer, die Lektüre zu ermüdend, was mich zutiefst bekümmerte. Warum hatte ich nur solche Schwierigkeiten, die andere nicht zu haben schienen? Vielleicht war es ein Fehler, daß ich mit niemandem darüber sprach, denn dann hätte mir sehr schnell geholfen werden können, daß es gar nicht darauf ankommt, die Bibel von der ersten bis zur letzten Seite durchzulesen und in allen ihren Teilen zu kennen. Wie dem auch sei, ich wich aus und fing an, mit großer Begeisterung und Ausdauer religiöse Schriftsteller zu lesen: Seidel, Bernanos, Dostojewski, Tolstoi, Wiechert und andere, die mich tief beeindruckten und prägten.

Von entscheidender Bedeutung sollte dann aber die Begegnung mit einem Menschen sein, dem es gelang, mir Fragen zu beantworten, die mich im Alter von achtzehn Jahren erheblich beschäftigten. Ich besuchte damals ein naturwissenschaftliches

Gymnasium, das ausgezeichnete Lehrer hatte, die engagiert die Erkenntnisse der modernen Naturwissenschaften vermittelten. Das brachte Probleme mit sich, die mir Not machten. Wie verhält es sich mit dem Schöpfungsbericht in der Bibel und der Evolutions- und Deszendenztheorie? Was ist von den Wundern zu halten, von denen im Neuen Testament berichtet wird? Ist Gott nicht nur eine Wunschvorstellung des Menschen, eine Projektion seiner tiefen Ängste und Sehnsüchte, die ihm hier auf der Erde zu schaffen machen? Zwei Jahre lang, in denen ich große Denker und Schriftsteller, besonders Freud und Marx, las und studierte, hatte ich bei ihm Religionsunterricht. Er war Oberstudiendirektor, hatte eine Reihe von Büchern geschrieben und liebte die offene Auseinandersetzung aller Fragen, die im Bereich von Theologie, Naturwissenschaft, Psychologie und Soziologie lagen. Dieser Lehrer und Prediger des Wortes Gottes, der für sich selber den vermeintlichen Gegensatz von Glauben und Verstehen bereits überwunden hatte, kannte deshalb nicht nur die Fragen, die uns in dem Alter beschäftigten, sondern er kannte vor allem seine Bibel, die er regelmäßig las und die er uns aufzuschließen vermochte. Er zeigte uns, daß die Bibel ganz andere Dimensionen eröffnet, die von den Naturwissenschaften gar nicht gesehen und erfaßt werden können. Er überzeugte uns davon, daß, wer glaubt, sein Denken nicht abzuschalten braucht, sondern daß im Gegenteil menschliches Denken durch den Glauben freigesetzt wird.

Im Rückblick muß ich feststellen, daß dies die schönste und aufregendste Zeit für mich war, die zu zwei Entscheidungen führte: Ich beschloß, Theologie zu studieren mit dem Ziel, ein Prediger zu werden. Zweitens führte es dazu, daß die Bibel von nun an zu meinem treuen Begleiter wurde. Er hat mich in allen Lagen des Lebens nicht enttäuscht, weil mir durch die Bibel Weisheit und Erkenntnis, Rat und Trost, aber auch Freude und Lebensmut zuteil geworden sind.

A. M. Klaus Müller

Geboren 1931 in Petersdorf/Riesengebirge – Studium der Physik an den Universitäten Braunschweig, Bristol und Hamburg – gründete 1958 zusammen mit Günther Pultke, Volker Weidemann u.a. den »Braunschweiger Kreis e.V.«, der aus einem Bibelkreis der Ev. Studentengemeinde hervorging – seit 1972 Professor für Theoretische Physik an der Technischen Universität Braunschweig – korrespondierendes Mitglied der Forschungsstätte der Studiengemeinschaft in Heidelberg – Buchveröffentlichungen für einen größeren Leserkreis: Die präparierte Zeit. Der Mensch in der Krise seiner eigenen Zielsetzungen. Radius-Verlag, Stuttgart, 2. Aufl. 1973 – Wende der Wahrnehmung. Erwägungen zur Grundlagenkrise in Physik, Medizin, Pädagogik und Theologie. Chr. Kaiser-Verlag, München 1978 – Leid – Glaube – Vernunft. Von der verdrängten Geschöpflichkeit des Menschen. Radius-Verlag, Stuttgart 1982.

Christus heilt nicht allein durch Worte

Wenn ich bezeugen soll, wie ich die verborgene Hand Gottes in meinem Leben erfahren habe, muß ich erzählen, wie ich mit dem christlichen Glauben in überzeugende Berührung kam. Von Hause aus bin ich nicht betont »christlich« erzogen worden, sondern als Kind einer bürgerlichen Familie, die die Dienstleistungen der Kirche – Taufe, Konfirmation, Trauung, Beerdigung – in der üblichen Weise in Anspruch nahm, ohne sich in der Gemeinde besonders heimisch zu fühlen.

Von Geburt Schlesier, trafen mich im Alter von 14 Jahren der Zusammenbruch 1945 und die darauffolgende Übersiedlung in den Westen schwer, noch schwerer dann die Entdeckung, daß auch die westlichen Siegermächte in ihrem Verhalten gegenüber dem, was sich nach 1945 im Osten abspielte, mit einer doppelten Moral maßen. So wuchs ich als Agnostiker heran, eher zu Schwermut und zu Zynismus neigend als zu einem Glauben an irgendeinen Lebenssinn. Woran ich mich klammerte, war meine eigene Leistung. Unter dem Schock der Kriegs- und Nachkriegsjahre stehend, hielt ich mir alles vom Leibe, indem ich mir Mühe gab, in der Schule zu den Besten zu gehören.

Nach dem Abitur studierte ich Physik an der Technischen Hochschule in Braunschweig. Mehrere Semester konnte ich bequem von dem zehren, was ich mir schon im voraus durch Eigenstudium angeeignet hatte. Dadurch gewann ich zeitweilig ein zu optimistisches Bild von meinen Leistungen und Fähigkeiten und neigte schließlich dazu, zu wenig mitzuarbeiten. Der Stolz auf meine dauernden Erfolge in der Schulzeit und zu Anfang des Studiums ließen mich selbstgefällig werden: Der Gott »Leistung« hatte mir geholfen und würde mir treu bleiben.

Aber die Weichen wurden ganz anders gestellt, lange bevor die Krise kam. Fast am ersten Studientag freundete ich mich mit einem Mitstudenten an, der mein ganzes Leben verändern sollte. Wir waren nahezu in allem gegensätzlich. Er wollte das Höhere Lehrfach in Mathematik und Physik studieren, und so hatten wir viele Kurse gemeinsam. Aber es fiel ihm schwer, in den abstrakten Anforderungen der Vorlesungen und Übungen mitzuhalten. Heute weiß ich längst, daß er als Pädagoge ein Naturtalent ist, nicht angewiesen auf pädagogische Theorien, die so oft enttäuschen, sondern schlicht als Mensch lebend, tröstend und lehrend. In dieser schlichten menschlichen Weise stand er mir schon damals wohltuend bei und half mir, meine Einseitigkeiten auszuhalten. Wir ergänzten uns ausgezeichnet.

Bis zum Vorexamen schrieb er nahezu alles von mir ab, und ich konnte immer kommen, um ihm meine Existenznöte offenzulegen. Eine Freundschaft fürs Leben entstand.

Mein Freund mußte für das Lehrfach auch über die Philosophen Bescheid wissen. Ich war mit naturwissenschaftlicher Überheblichkeit für die Philosophie damals ganz verschlossen, hörte ihn aber sozusagen aus der Ferne über die großen systematischen Denker berichten. Er war sehr beeindruckt von Kant und dessen System, zumal Kant sein Landsmann war. Aber am Ende solcher Gespräche empfanden wir des öfteren einen Mangel: All das drang nicht wirklich in unser Leben ein, wir fühlten uns vom Gehalt solcher Philosophie im letzten nicht angerührt. Es kam vor, daß mein Freund dann versonnen sagte: »Irgend etwas fehlt.« Dieses Empfinden, das ich teilte, hat mich später in der interdisziplinären Arbeit erhellend begleitet. Es war der Zusammenbruch der Metaphysik, den wir empfunden hatten, ohne diesem Empfinden gedanklichen Ausdruck geben zu können.

Wieviel mir selbst fehlte, sah ich noch nicht. Dann kam die Krise. Sie begann damit, daß ich leichtfertig ins Vorexamen ging, ohne mich in einem wichtigen Fach im geringsten vorbereitet zu haben. Ich war gewohnt, daß mir beim ersten Hören alles zuflog. Die Prüfung in diesem Fach schloß ich nur mit »befriedigend« ab. »Nur«! Was unter diesen Umständen immer noch eine gute Leistung war, genügte meinem Stolz und meiner Eitelkeit nicht. Ich brach in Etappen mehr oder weniger zusammen. Mein Ich, auf das ich gesetzt hatte, hatte versagt. Es gab kein Entrinnen vor der Erkenntnis, daß es mich nie wieder so tragen würde wie zuvor. Angst packte mich und ließ mich nicht mehr los – Angst, überhaupt nichts mehr leisten zu können. Und wozu auch? Ein grenzenloses Gefühl der Sinnlosigkeit überflutete mich mehr und mehr und nahm ganz von mir Besitz. Ich unterbrach das Studium, kehrte zu meinen Eltern zurück und begann mich selbst zu Hause vor der Begegnung mit jedem Menschen zu ängstigen. Niemanden und nichts mehr wollte ich sehen und erleben. Wenn ich morgens das trübe Licht durch die

Vorhänge sah, graute mir vor dem neuen Tag, und ich wünschte, ich wäre tot. Am Ende befiel mich eine überwältigende Müdigkeit, ich floh geradezu in den Schlaf, wachte nur noch zu den Mahlzeiten auf und wußte nicht mehr Tag, Woche oder Monat.

Meine Eltern schalteten einen Psychotherapeuten ein, der mich anfangs für überarbeitet hielt und durch autogenes Training zur Entspannung kommen ließ. Die Entspannung förderte meinen Schlafdrang noch, aber nach mehrmonatiger Behandlung wuchs mein Lebensmut wieder. Schließlich kehrte ich ins Studium zurück, unsicher zwar, aber ausgeruht und mit neuen Kräften. Ich traf meinen Freund an wie zuvor, aber auch er konnte mir nicht durchgreifend helfen. Was ich befürchtet hatte, trat ein: Drei Wochen nach Semesterbeginn stand ich wieder dort, wo alles angefangen hatte, und brach erneut das Studium ab. Die Angst war zurückgekehrt und überschattete alle meine Möglichkeiten. Erneut trat der Psychotherapeut in Aktion. Wieder schlief ich, entspannte mich, erholte mich mit lieben Bekannten in den Alpen. Nie werde ich vergessen, wie intensiv ich – voll ausgeruht – das Sonnenlicht eines Sommers am Tegernsee erfuhr. Aber innerlich war alles perspektivlos geblieben. Ich verzagte nach wie vor am Leben. Schließlich tat ich meinen Eltern und dem Psychotherapeuten den Gefallen und versuchte es ein letztes Mal mit der Fortsetzung des Studiums. Ich wußte, daß ich keine drei Wochen brauchen würde, um wieder am Nullpunkt zu sein; denn sowie ich zu arbeiten begann, stellte sich – wie schon beim ersten Rückfall – zunächst eine dauernde Schlaflosigkeit mit Ängsten ein, die meine Kräfte aufzehrten. Ich hatte das Gefühl, nur ein Wunder könnte mir noch helfen. Aber Wunder hielt ich für unmöglich. Woher sollte eine Änderung denn kommen?

Aber die Veränderung hatte längst begonnen, ich wußte es nur nicht. Mein Freund war völlig verändert – das war das erste, was ich bemerkte. Er konnte plötzlich ohne meine Hilfe arbeiten, auch sonst schien er glücklicher und zielstrebiger geworden. Ich konnte mir das nicht erklären und drang in ihn, aber er wollte nicht mit der Sprache heraus. Als etwa zwei

Wochen um waren, fiel mir auf, daß er regelmäßig am Mittwochabend eine Verabredung hatte, doch auch darüber schwieg er sich aus. Ich nahm an, er hätte in meiner Abwesenheit eine Freundin gefunden, und hielt mich zurück. Später erzählte er mir, er habe Angst gehabt, ich könnte ihm seine neuen Erfahrungen und Erlebnisse auf intellektueller Ebene madig machen. Mit mir selbst ging es bereits wieder bergab, die Angst kehrte zurück und mit ihr die Schlaflosigkeit und die Verzweiflung. Das Ende aller meiner Möglichkeiten war in Sicht.

Dann kam jener entscheidende Tag, an dem ich – müde und resigniert – mit meinem Freund durch die Stadt ging. Plötzlich begrüßte ein junger Mann, den ich nicht kannte, meinen Freund mit Handschlag und fragte ihn: »Kommst du heute abend wieder?« Ich schaltete sofort: es war Mittwoch! So packte ich die Gelegenheit beim Schopfe und fragte: »Worum geht es denn?« »ESG – Evangelische Studentengemeinde«, erwiderte der andere arglos, »mittwochs ist immer Bibelabend bei uns.« Ich fiel aus allen Wolken. Auf so etwas Museales wie »Religion« hatte sich mein Freund eingelassen! Das konnte ich kaum glauben. Aber mein Freund sagte geistesgegenwärtig: »Du kannst ja morgen auf mich losdreschen, aber ein einziges Mal bitte ich dich, dorthin mitzukommen, um dir selbst ein Bild zu machen. Komm gleich heute abend mit mir.« Ich wollte erst nicht, sagte etwas vom »finsteren Mittelalter« und von »Mystizismus«, von religiösen Weltbildern, die wir doch längst hinter uns gelassen hätten. Aber schließlich willigte ich ein. Ich wollte den Freund, vielleicht die letzte Brücke des Verständnisses und der Fürsorge, die mir in Braunschweig noch blieb, nicht im Streit verlieren.

Ich war also bereit, abends mitzukommen. Mir schwebte in der Phantasie eine sehr unersprießliche bis peinliche Situation vor. »Geistlich« eingestellte Studenten und Studentinnen, ein kirchlicher Raum, dazu ein salbungsvoller Amtsträger in entsprechender Amtstracht, weltabgewandte Kirchenlieder, hingebungsvoll sektiererisch gesungen, wundergläubige Gespräche über Bibelstellen, die der Naturwissenschaft Hohn sprachen – dazwischen dann ich als »Weltkind«, als solches nicht zu übersehen und gewiß in diesen Kreisen ein Ärgernis bildend! Ich übertreibe nicht – mit solchen Erwartungen begleitete ich meinen Freund. Aber es kam alles anders. Der erste, den wir vor der Tür trafen, war ein Student, der unter einem selbstgebauten Motorrad lag, in einem ölverschmierten Dreß, und Schrauben festzog. Dann fuhr er ein paar Meter, bis die Maschine wieder stehenblieb. Sehr viel weiter ist sie auch später nicht gefahren, aber er gab nie auf. Wir betraten eine angemietete Wohnung, denn neuerbaute Heime für Studentengemeinden gab es 1953 noch kaum. In der Küche fand gerade ein gemütliches Abendbrot statt, und wir durften teilnehmen. Ich konnte überhaupt keine »geistlichen« Symbole entdecken, nur »handfeste«, herzliche Studenten und Studentinnen, die überhaupt keine religiösen Marotten an sich hatten. Manche der jungen Männer hatten Kriegsgefangenschaft hinter sich, andere waren im Krieg noch Flakhelfer gewesen.

Um 20 Uhr erhob sich einer, den ich für einen älteren Teilnehmer aus dem Kreis der Hochschule gehalten hatte, und gab sich durch Aufschlagen des Gesangbuchs als Leiter des Abends zu erkennen. Er war in »Zivil«, und ich hätte ihm den Pfarrer nicht angesehen. Das Lied war mir zwar unzugänglich, aber es wurde viel frischer gesungen als in der Kirche. Auch störte es offenbar niemanden, wenn falsch gesungen wurde, was einige taten. Perfektion war hier wohl keine Pflicht. Dann allerdings blieb mir nichts erspart, denn ein Bibeltext wurde aufgeschlagen: das Zungenreden beim Pfingstereignis kam zur Sprache! Ich erwartete bei solch »normalem« Publikum einen Aufschrei der Ablehnung oder wenigstens verlegenes Drumherumreden. Aber zu meinem Erstaunen schienen alle das »Wunder« überhaupt nicht für diskussionswürdig zu halten, sondern nahmen es als gegeben hin, so als hätte jemand von etwas ganz Natürlichem gesprochen. Das Gespräch bewegte sich eher um die Frage, wo wir heute bei uns selbst ähnlich aufbrechende und erneuernde Erfahrungen machen könnten. Von den Teilnehmern kamen aber keine Berichte über große Erfolgserlebnisse, wie ich sie aus Traktatblättchen von Sektierern kannte, sondern eher das Eingeständnis der eigenen Dürftigkeit. Einige machten schüchterne Mitteilungen über zaghafte Hoffnungen, die sich an diese gemeinsamen Abende mit der Bibel knüpften. Über dem ganzen Gespräch lag eine große Offenheit und Ehrlichkeit. Mich ließ man in Ruhe. Der Pfarrer sagte noch etwas über Jesus Christus, was ich nicht verstand, dann war der Abend nach einem letzten Lied zu Ende. Mein Freund war in diesem Kreis offenbar schon ganz akzeptiert, es wurde noch manches Praktische für die nächsten Tage besprochen, bevor wir gingen.

Ich fühlte mich unsicher und überrascht, aber ich war auch zornig. Meine Vorurteile waren ins Wanken geraten, doch so schnell gab ich mich nicht geschlagen. Als ich auf meinen Freund einzureden begann, verwies er mich auf den nächsten Tag: »Morgen kannst du loslegen, jetzt bin ich müde.« Wir trennten uns. Auch er konnte nicht wissen, daß diese Nacht die entscheidende für mich wurde. Ich war noch ganz aufgewühlt, aber merkwürdig leicht und entspannt. Am nächsten Morgen – wachte ich auf und hatte tief und erholsam geschlafen! Zum ersten Mal seit nahezu drei Wochen! Mein Freund sah es mir gleich an: »Hast du geschlafen?« – »Ja, aber . . .«, wollte ich beginnen, doch er unterbrach mich: »Das ist doch gut, vielleicht solltest du nächste Woche wieder mitkommen.« Ich war entsetzt, konnte aber nicht umhin, zuzugeben, daß ich mir das Ganze viel »schlimmer« vorgestellt hatte. »Aber verstanden habe ich überhaupt nichts.« Er beruhigte mich: »Das macht doch nichts, Hauptsache, du schläfst.«

Mein Stolz wollte mir verbieten, das als Beweggrund anzuerkennen. Nie wieder würde ich dahin gehen! Aber dann mußte ich entdecken, daß der Schlaf mir am nächsten Abend wieder genommen wurde, ebenso die folgenden Nächte. Die alte Last der Ängste und der Müdigkeit kehrte zurück. Und so schmolz mein Widerstand mehr und mehr, bis der Mittwoch heranrückte. »Vielleicht klappt es ja wieder mit dem Schlaf«, sagte mein Freund, und dann nahm er mich zum zweiten Mal mit. Es lief alles ähnlich ab wie beim ersten Mal: herzlich, ehrlich, handfest, aber was das »Religiöse« betraf, für mich völlig unzugänglich.

Und die Nacht danach: wieder konnte ich tief und erholsam schlafen! So ging es weiter, Mittwoch für Mittwoch. Dazwischen die alte Schlaflosigkeit. Ich fieberte förmlich dem Mittwoch entgegen, um zur Ruhe zu kommen, und mein Freund hatte keine Mühe mehr, mich in die Studentengemeinde mitzunehmen.

So habe ich gleichsam »schlafend« den Anschluß an das gefunden, was die Christen ihren Glauben nennen. Dieser eine Tag erquickenden Schlafs in der Woche war wie ein wundersames Licht inmitten einer Nacht von Angst und Verlassenheit. Nicht die Worte einer Predigt erreichten mich zuerst, sondern ich erfuhr das Heil durch Heilung. Geheilt wurde ich von der unaufhaltsamen, depressiven Abwärtsbewegung in die Sinnlosigkeit einer einsamen, sich selbst nichtigen Rationalität. Es hat Monate gedauert, bis mir die Worte des Alten und des Neuen Testaments etwas zu sagen begannen. Am Anfang stand für mich nicht das Verbale, das geredete Wort eines Zeugen, sondern die schlichte Mitmenschlichkeit derer, die mich in ihre Mitte einfach aufnahmen, ohne zu fragen. Was sich in mir auftat, war nicht theoretische Gotteserkenntnis, sondern Dankbarkeit, überströmende Dankbarkeit. Aus Dankbarkeit diesem gesegneten Kreis gegenüber sah ich mich eines Tages zu meinem eigenen Erschrecken in der Mittwoch-Runde aufstehen und etwas gegen einen jungen Ingenieur-Studenten vorbringen, der die Wirklichkeit der biblischen Erzählungen mit dem Hinweis auf die »Naturgesetze« in Frage stellen wollte. Ich konnte freilich nur stammeln, denn der gedankliche Weg aus dem Dilemma, wie denn Glaube und Denken miteinander auskommen könnten, war mir selbst nicht klar. Die gedankliche Aufarbeitung dieser Fragen beschäftigt mich bis heute und führte mich später in die interdisziplinäre Arbeit der »Forschungsstätte der Evangelischen Studiengemeinschaft« in Heidelberg, einem Forschungsinstitut der Evangelischen Gliedkirchen in der Bundesrepublik. Dabei kann es nicht allein um Intellektualität gehen. Dankbarkeit, eine Bewegung des Glaubens, ist wirklicher als Intellektualität, sie ist eine Bewegung des ganzen Menschen.

Viel mehr will ich über die biographischen Ereignisse, die mich in den Glauben führten, nicht sagen. Vielleicht noch dies. Als ich zum ersten Mal in die ESG kam, wußte ich nicht einmal, wie viele Evangelien es gibt, und konnte mich beim Aufschlagen des Neuen Testaments nicht zurechtfinden. Später bin ich Teile des Alten und vor allem des Neuen Testaments fieberhaft in einer Nacht durchgegangen und habe gleichsam im Fluge aufgenommen, was hier und da und dort geschrieben steht, und es war mir, als öffnete sich zum ersten Mal in meinem Leben die Wahrheit über die Welt – nicht nur über mein Leben, sondern über Natur und Geschichte allen Lebens. Alles blieb, wie es war, aber alles war zugleich ganz anders geworden. Das ist die alte Erfahrung derer, die von der tiefsten Wahrheit, der Wahrheit der Liebe, getroffen werden. Sie reißt uns aus unserer egoistischen Perspektive und öffnet uns die Augen für das Ganze. Nicht die intellektuelle Erkenntnis, sondern das Bewegt-Sein im Heil, das Geheilt-Werden, hatte meinem Leben die Wende gegeben.

Seit dieser Zeit sind beinahe 30 Jahre vergangen. Aber dieses mein Schlüsselerlebnis hat seine umstürzende Bedeutung für mich behalten. Zwei Grundzüge dessen, was der verborgene Christus für uns tut, sind mir immer gegenwärtig geblieben in all den vielen neuen Erfahrungen und Erwartungen seit dieser biographischen Wende. »Oft spreche ich zu dir und tröste dich, sagt die göttliche Stimme . . . Du würdest mich nicht suchen, wenn du mich nicht besäßest. Sorge dich also nicht«, bezeugt der große Mathematiker, Philosoph und Christ Blaise Pascal, einer der ersten modernen Menschen vor 300 Jahren, die vorauslaufende Fürsorge Gottes für die Menschen und für die Schöpfung. Das war auch meine Erfahrung geworden. Die Weichen wurden gestellt, ohne daß ich es verstand und wußte: Ich konnte das Heilende nicht »leisten«, ich konnte es nur annehmen. Gott »leistet« das Heil, nicht wir, und er leistet es oft mit unendlicher Geduld gegen unseren verbohrten Willen. So wurde ich befreit von dem Leistungswahn unserer Zeit, von der Besessenheit, ich müsse mir selbst durch Arbeit ein Denkmal setzen. Unzähligen Menschen wird dieser Wahn durch die moderne Zivilisation suggeriert, bis sie sich am Ende müde und ausgebrannt als Ausgebeutete ihres eigenen Ego entdecken. Gott ist immer früher am Werke als alles, was sich unser kleines, größenwahnsinniges Bewußtsein ausdenkt. Er will uns nicht zu unserem Ich, zum Ego, sondern zu unserem Selbst führen, zu unserem Namen vor Gott, der immer schon ein Miteinander, ein Wir einschließt. Denn der lebendige Gott ist kein einsames, isoliertes Ich, sondern ein Wir. Deshalb gibt es Glaube nur als Miteinander, als Gemeinde: »Wo zwei oder drei in meinem Namen beisammen sind, *da* bin ich mitten unter ihnen.« Für meinen Freund, für mich und die ganze damalige ESG in Braunschweig (die sich sehr von der späteren, mehr politisch ideologisierten ESG unterschied) ist das eine wirkliche Erfahrung geworden.

Und dann das zweite: Gott wirkt durch Christus nicht nur verbal: Das Kreuz, das Zeichen des Leidens und der Versöhnung, ist nicht in Worten auszudrücken. Die unter ihm standen, als Jesus gekreuzigt wurde, erfuhren etwas, das jenseits aller möglichen Theologie liegt. Nur wenn das, was jenseits aller Theologie (und damit auch aller Möglichkeiten der Sprache) liegt, auch heute noch unmittelbar erfahren wird, ist Theologie mehr als der Beginn einer großen Verwirrung, erfüllt sie ihre Aufgabe dort, wo sie sie allein erfüllen kann, nämlich im nachhinein! Gott muß zuvor im Leben als umstürzend erfahren werden, wenn wir ihn nicht durch Theologie – auch durch christliche Theologie – auf sehr subtile, fromme Weise vergötzen und darin verfehlen sollen! Von daher hat es für mich immer eine tiefe, hilfreiche Bedeutung gehabt, daß das Ereignis, von dem an jenem ersten Mittwochabend in der ESG Braunschweig die Rede war, das Pfingstereignis gewesen ist. Pfingsten, das heißt ja: Sprachlich brennen alle Sicherungen durch, durchdringen sich die Wörter aller Sprachen, weil der Geist ganzheitlicher und umstürzender über die Lebewesen hereinbricht, als die Ordnung der Sprachen es vermag. Pfingsten ist ein umstürzendes Wunder, das Wunder der Schöpfung, an das die Menschheit seitdem gewiesen ist. Ich sehnte mich verzweifelt nach einem

Wunder, und ich erfuhr ein Wunder, und es war das Wunder, daß Gott weiter reicht, als die Sprache es zu sagen vermag. Die eigentlichen Wunder des lebendigen Gottes umgreifen das Ganze des Lebens und durchdringen es im Kern. Deshalb spotten sie jeder Erklärung, die auf Sprache angewiesen wäre.

Aus dieser Erfahrung, die sich etwa in der Geschichte von den Emmaus-Jüngern ausdrückt, haben mein Freund und ich 1958 den »Braunschweiger Kreis« gegründet, der unsere Erfahrungen mit dem offenen und ehrlichen Bibelgespräch für eine Gruppe aus der damaligen ESG durch die nächsten Jahrzehnte weiter tragen sollte. Dieser Kreis besteht und wirkt noch heute jenseits dessen, was Worte zu sagen vermögen; wir hätten wohl ohne ihn in den hinter uns liegenden Jahrzehnten nicht bestehen können. Schon in der Anfangszeit dieses Kreises kamen wir über den damaligen Studentenpfarrer mit dem Diakonissen-Mutterhaus »Kinderheil« in Bad Harzburg (früher in Stettin) in Verbindung und haben dort unter dem Thema »Die Frage nach Christus« Wochenendfreizeiten für Studenten durchgeführt. Unvergeßlich ist aus dieser Zeit die Begegnung mit Konsistorialrat Winner und seiner Frau.

»Noch nie war die Zukunft so ungewiß wie heute; mehr noch: sie ist tödlich bedroht. Die Menschheit steht am Abgrund ihrer bisherigen Geschichte.« Mit diesen Sätzen begann ich 17 Jahre nach meinem Schlüsselerlebnis das Buch »Die präparierte Zeit – Der Mensch in der Krise seiner eigenen Zielsetzungen« zu schreiben. Immer mehr Menschen empfinden ähnlich, und sie empfinden die Ohnmacht der Menschheit, sich selbst zu helfen. Meine Erfahrung ist, daß Pfingsten nicht ein einmaliges Ereignis war, sondern daß es sich wieder und wieder ereignen will und ereignen wird – auch und gerade dort, wo wir uns nach Menschenmöglichkeit am Ende wissen. Auch für das, was heute an tiefer Gefährdung auf uns wartet, hat Gott schon lange zuvor die Weichen gestellt, und es werden im letzten gnädige, barmherzige Wege sein, die er uns in allen Abgründen und durch alle Schrecken dieser Welt hindurch führt. Denn der, der sich gegen unseren verbohrten und mörderischen Willen am Ende der

Neuzeit als der Schöpfer der Welt offenbart, trägt das verborgene Heil schon mit sich. Es ist an uns, ob wir die große Unsicherheit und Umwertung, in die wir eingetreten sind, als Chance erkennen.

Helmut Ockert

Geboren in Oberöwisheim bei Bruchsal. Er ist heute, nach verschiedenen Ausbildungsstationen (Lehre als technischer Zeichner, Ingenieurschule, Liebenzeller Missionsseminar, Evangelistenschule, Johanneum), einigen Jahren Jugendarbeit, theologischem Examen und zwei Jahrzehnten Gemeindepfarramt, leitender Pfarrer der Frauenmission Malche e. V. in Porta Westfalica.

Die Bibel auf meinem Weg zu Christus

Meine frühesten Erinnerungen an die Bibel haften nicht an der Bibel selbst, sondern an der »Biblischen Geschichte«, die im Religionsunterricht als Schulbuch benutzt wurde. Sie war »illustriert« mit Bildern des Malers Schnorr von Carolsfeld, und bevor man anfing zu lesen, konnte man die etwas herben Bilder betrachten, die schon bekannten Geschichten verfolgen und die Bilder mit Farben anmalen. Da bekamen dann die Engel die langen Flügel etwa lila angemalt, da wurde der Rauch, der sich von Kains Altar wie ein Wurm über die Erde hinkrümmte, vollends geschwärzt, da konnte man die malerisch gebauschten Gewänder in den Geschichten der Evangelien bunt und leuchtend ausfüllen. Ich bemitleide die heutigen Kinder, die nach dem Richterspruch der Religionspädagogen nur die Bibel in die

Hand bekommen – wie eine große Brockensammlung und wie einen Steinbruch für Beispielgeschichten im problemorientierten Unterricht. Sie können vermutlich den roten Faden, der sich durch die Heilsgeschichte zieht, kaum erkennen. Ganz anders wir! In der »Biblischen Geschichte« folgte eine Geschichte auf die andere; einen Hauch des großen Pulsschlages von Verheißung und Erfüllung konnten wir schon als Kinder begreifen.

Eine zweite Früherinnerung »klebt« an biblischen Kunstbüchern, die aus irgendwelchen Erbmassen in unser einfaches Bauernhaus gekommen waren. Da fanden sich vor allem Werke der italienischen Renaissance-Künstler. Noch heute empfinde ich, daß mir die Gestalten Raffaels zwar gefielen, aber zugleich zu glatt vorkamen. Einzelheiten weiß ich nicht mehr.

Dann wurde ich geistlich überfüttert. Meine Eltern waren in den zwanziger Jahren zum Glauben gekommen und gingen in die Gemeinschaft. Aber in die Kirche ging man auch. Wir Kinder mußten in einem bestimmten Alter Sonntag vormittags in den Gottesdienst gehen, anschließend zum Kindergottesdienst bleiben, nach dem Mittagessen die Sonntagsschule der Gemeinschaft besuchen, um 15 Uhr mit in der Gemeinschaftsstunde sitzen – die einzige Zeit in der Woche, die wir »frei« hatten und etwa in den Wald gehen konnten, unser einziges »Vergnügen« – und dann um 20 Uhr nach Abendbrot und Füttern noch in den Freundeskreis des EC. Nach menschlichem Ermessen hätte ich Atheist werden müssen – und wurde es nicht. Die Liebe der Eltern, die Echtheit ihres Glaubens, die Vertrauensatmosphäre in ihrem Haus und die in der Bibel verschmolzen zu einem starken Kitt. Ich las auch noch zu Hause die Bibel. Wir hatten nämlich fast nichts anderes für Kinder zu lesen. Radio und Grammophon gab es nicht. Die Schule füllte mich nicht aus. Ich erinnere mich, daß ich, die dicke Bibel meiner Großmutter auf dem Bauch, im Bett lag und stundenweise las. Die Geschichten des Alten Testaments müssen mich besonders beschäftigt haben. In einem Kalender gab es ein biblisches Bilderrätsel, in dem ein Riese mit sechs Fingern und sechs Zehen vorkam. Niemand in der Familie wußte, wo so etwas in der Bibel stand – ich wußte es. Und wenn die älteren Brüder in der Gemeinschaftsstunde kein Ende finden konnten, las ich eben in der Bibel – das durfte man ja – »unterhaltsame« Stücke wie etwa die Offenbarung des Johannes. Die Wirklichkeit, die sich in der Bibel ausspricht, hatte mich mehr oder weniger umstellt, auch wenn ich nicht regelmäßig las. Als ich später Theologie trieb und merkte, wie verschieden man biblische Worte auffassen konnte, entsann ich mich, daß ich damals intuitiv »das Gemeinte« erfaßt hatte, offensichtlich mit dem Spürsinn des Kindes, das ja auch sonst disparate Äußerungen von Erwachsenen erfaßt und von ihrer Intention her »sortiert« und deutet.

Dann muß eine etwas mehr bewußte Beschäftigung mit der Bibel eingesetzt haben. Wir mußten damals gegen Ende der dreißiger Jahre im Religions- und Konfirmandenunterricht noch Bibelworte auswendig lernen, so zum Beispiel die Seligpreisungen, die Worte von der Feindesliebe und andere Stücke aus der Bergpredigt. Wenn ich diese Rede heute weithin wörtlich im Ohr habe, so geht der Grundstock sicher auf das damalige Auswendiglernen zurück. Von den Seligpreisungen weiß ich noch, daß sie mir gleichzeitig anziehend, unwirklich und unerfüllbar vorkamen. Jedenfalls bin ich heute froh, daß ich einen solchen Fundus an auswendig gelernten Bibelworten mit mir herumtrage und betrachte dies als ein unschätzbares Kapital – auch daß ich sie eben wörtlich kenne. Dazu kam aber ein zweites: Mit einer gewissen Selbstverständlichkeit wuchs ich in den Freundeskreis des Jugendbundes für Entschiedenes Christentum hinein, der die Jugendarbeit der Gemeinschaft war. Und dieser EC legt seinen Mitgliedern ein »Gelübde« vor, eine Erklärung, die man unterschreibt und in der es damals unter anderem hieß: »Ich will jeden Tag meine Bibel lesen und beten.« Manche Leute halten ein solches Gelübde für sozusagen unsittlich, weil es angeblich junge Menschen überfordert. Mich hat es gelegentlich auch bedrückt, wenn ich es nicht einhielt, zumindest was das Bibellesen betraf – als Sünde habe ich es nicht registriert, wenn ich zeitweilig aussetzte –, aber über viele Strecken meiner Jugendzeit weg war es doch wirksam. So erinnere ich mich, daß ich mich in die Evangelien hineinlas und ihre heimliche Mächtigkeit spürte, auch wenn ich nicht alles verstand. Das Geflecht der Lebensbezüge, die da auftauchten, wurde dicht und fest. Ich hatte viele Stellen unterstrichen. Die Seiten in meiner Konfirmationsbibel, die mir meine Pateneltern geschenkt hatten, waren mir wie eine Landkarte, auf der ich mich zurechtfand. Viele Stellen, die mir heute wörtlich geläufig sind, müssen sich mir damals eingedrückt haben. War ich dadurch ein Christ?

Bei einer Evangelisation sagte ich öffentlich – unter einem gewissen Erwartungsdruck – so etwas wie ein Bekenntnis. Das große Wunder, von dem man uns erzählt hatte, trat nicht ein. Und doch war ein Schritt markiert. Als der Ortsgruppenleiter der NSDAP mich zum Eintritt in die Partei drängte – ich war damals 18 Jahre –, als er mir mit beruflichen Nachteilen drohte, war klar, auf welche Seite ich gehörte. Als ich mit 19 an der Ingenieurschule war und mit einem Kommilitonen, der zur SS-Leibstandarte Adolf Hitler gehörte, das Zimmer teilte, habe ich nicht gesagt, daß ich Christ war, aber ich legte meine Bibel offen auf den Nachttisch – nicht nur zu Demonstrationszwecken, aber doch auch als ein wortloses Bekenntnis –, und ich ging am hellen Sonntagnachmittag in die Bibelstunde der Stadtmission. Wenn meine Studiengenossen Wert auf mich legten, warteten sie, bis ich zurück war. Übrigens hat keiner meine Bibel belächelt. Aber – war ich ein Christ?

Ich wollte Ingenieur werden, konnte aber wie alle anderen auch nach dem Ende des Krieges nicht gleich weiterstudieren und arbeitete in der Landwirtschaft bei meinen Eltern mit. Wieder war ich zu Hause in dem kleinen Dorf im Kraichgau und saß am Sonntagnachmittag in der »Stunde«. Da packte mich Gott am 2. Weihnachtstag 1945 »am Genick«. Eine Chinamissionarin sagte bei der Auslegung etwa: »Ich habe keinen Frieden (mit Gott) bekommen, bis ich mein Leben ganz an Christus ausgeliefert hatte.« Dieser Satz wirkte bei mir wie eine Panzergranate. Er hieß bei mir: »Du wirst keinen Frieden mit Gott bekommen, bis du deinen Beruf aufgegeben hast und in den

Dienst Gottes getreten bist.« Und er traf meine wundeste Stelle: meinen Wunsch, Ingenieur zu werden, was mehr war, als ein Berufswunsch, nämlich der Lichtpunkt meines Lebens, das Traumziel; wenn ich erst Ingenieur war, war es für mich, den Kleinbauernsohn, geschafft; turmhoch würde ich über meinen Dorfgenossen stehen, dachte ich. Aber noch eine andere Stelle war berührt: Ich konnte nur Prediger werden, da ich keine Oberschule hatte besuchen können. Und die Prediger, die ich kennengelernt hatte, bedienten sich einer Glaubenssprache, die mir unecht erschien, ich konnte sie von anderen zwar mit einiger Mühe ertragen, aber sie selber zu sprechen, war mir widerwärtig; ich hatte aber keine andere kennengelernt. Auf diese Weise sozusagen mein Geld zu verdienen – dagegen sträubte sich in mir alles. Jedoch der Anspruch war da, blieb und brachte mich fast um. Er stand mit mir auf, er ging mit mir schlafen, zeitweilig konnte ich nichts anderes mehr denken. Das ganze Leben war mir speiübel; es erschien mir unwert, so zu leben. Ich konnte und wollte mit niemand darüber sprechen, außer mit Gott. Aber war *er* das? Oder spielte meine Seele verrückt? Da begann ich aufs neue die Bibel zu lesen – diesmal um mein Leben. Einzig sie konnte mich freisprechen von diesem Druck. Einzelne Worte belasteten, andere entlasteten mich. War es eine Sünde, in so einer Situation nein zu sagen? Es wurde Frühjahr, es wurde Sommer. Der Druck wich nicht. Am 17. August 1946, morgens um halb elf, war ich fertig. Ich konnte nicht mehr dagegen andenken. Es war mir zu stark geworden, Gott war mir zu stark geworden. Es war mir wie ein Sterben. Beim Mittagessen hatte ich Mühe, die Tränen zurückzuhalten, so daß niemand etwas merkte. Konnte so eine Berufung Gottes aussehen? Aber von dem Moment an, als ich den Widerstand aufgegeben hatte, war der Druck weg. Er kam auch nie mehr wieder. Daß Gott da ist und daß er härter ist als Stahl und Eisen, mitten in der Welt, daran habe ich seither nie mehr gezweifelt; es war mir nicht nur in den Kopf und ins Herz, es war mir ins Rückgrat gegangen.

Jetzt war ich offensichtlich ein Christ. War ich es? Im Missionsseminar stellte ich fest, daß ich es offensichtlich nicht war. Wenn mich einer der Brüder geärgert hatte, konnte ich ihm nicht sofort und von Herzen vergeben, wie sich das gehörte. In kindischer Weise war ich auf meine Geltung bedacht. Ich sollte sprudeln vor Missionseifer und Zeugenmut, aber nichts trieb mich. Ich hatte Stille Zeit, aber ich war dabei nicht still. Ich sollte Freude der Vergebung haben, aber ich hatte sie nicht. Gott erschien mir unausweichlich und gewiß, aber das machte mir das Herz nicht warm; ich hatte vielmehr den Eindruck, als wollte er vor allem alle meine eigenen Wünsche und Regungen durchkreuzen. Mein Versagen und das ganze geistliche Unvermögen registrierte ich als Schuld. Es trieb mich nichts zum Gebet und zum Bibellesen. Konnte ich so ein Zeuge Jesu Christi sein? Ein Mitbruder sagte mir im Gespräch: Du bist eben nicht erfüllt mit dem Geist Gottes. Das saß! Ich war überhaupt von nichts erfüllt. Ich kam mir vor wie ein unaufgepumpter Fahrradschlauch. Ich konnte nur nicht weg! Sollte ich in eine Pfingstgemeinschaft gehen und um Handauflegung bitten? Könnte ein Seelsorger mit dem, was ich ihm erzählte, etwas anfangen, ohne sozusagen auf dem falschen Bein Halleluja zu rufen? Ich konnte nur zu dem Gott fliehen, der mich nicht losließ. »Es muß erbeten sein«, dachte ich.

Ich kam in einen Gebetszwang hinein. Das Bibellesen war nur Beigabe. Immer länger mußte ich beten, wenn ich nicht das Gefühl haben wollte, ein verlorener Sünder zu sein. Immer schmutziger und unbrauchbarer kam ich mir vor. Die großen Worte der Schrift von Gnade und Vergebung der Sünden wußte ich noch im Kopf, aber sie hatten keine Macht über mein Herz. Es muß wohl ein ganzes Jahr so gegangen sein. Am Ende mußte ich zwei Stunden jeden Tag beten, wenn ich nicht elende Schuldgefühle haben wollte – neben Schule, Lernzeit und Arbeitszeit –, und das ohne Abschweifung in Gedanken, sonst ging es entsprechend länger! Von den anderen hatte ich mich etwas isoliert und galt als halber Asket und Spinner. Die innere Wirklichkeit wurde mir viel mächtiger als die äußere, und sie stand unter dem Zwang des Gesetzes. Ich wurde auffällig, auch für die Leitung, und es kam zu einem Gespräch mit dem

Direktor. Auch er schien mir zu »lasch«. Ich hatte gebetet, daß ich ihn bei diesem Gespräch auf die »richtige« Spur bringen könnte. Aber es kam umgekehrt. Er setzte mir den Kopf gerade! Wie betäubt ging ich heraus. Als ich am Gartenzaun stand und auf das Städtchen hinuntersah, brach der ganze Zwang in mir zusammen. Es war alles umsonst gewesen. Die ganze ungeheure innere Disziplin und Quälerei! Aber das war nur das eine, das mich erschlug. Daneben überwältigte mich das andere, daß ich plötzlich wußte: Ich mußte, ich konnte gar nichts machen zum Heil. Wie durch einen großen Trichter strömte es in mich ein. Es war eine unglaubliche Erleichterung, eine reine Erlösung. Bis heute ist mir unbegreiflich, wie das im Zusammenhang stand mit dem, was vorgegangen war. Jedenfalls, es war so. Daß das Heil aus Gnaden ist, daß ich nichts dazu tun kann, daß der Herr Jesus Christus schon alles getan hat, worauf es ankommt – das hatte ich oft in der Bibel gelesen. Im Kopf wußte ich alles. Aber plötzlich bekam es Macht über mein Herz. Ich konnte es glauben mit offenen Augen. Ich mußte es mir nicht einbilden, mich nicht fragen, ob ich es glaube – es war einfach da. Plötzlich wußte ich, was Freude des Evangeliums ist. Ich ahnte, daß es Spaß machen könnte, ein Christ zu sein – bisher war alles ein großer Druck gewesen. Ich hatte den Eindruck, daß sich die großen Begriffe der Bibel füllten. Mit eigenen Worten konnte ich sagen, was Gnade heißt, was Glaube ist, wie Rechtfertigung vor sich geht, was Heiliger Geist ist. Es war alles fast eins – und doch unterschieden. Ich wußte, daß die Berichte der Bibel wahr sind und wie es zugeht, wenn Gott mit einem Menschen spricht. Monate, ja Jahre hatte ich zu tun, das alles gedanklich zu sortieren, was mir durch Gottes Gnade zuteil geworden war. Mein ganzes späteres Studium habe ich mich mit diesen vitalen Fragen beschäftigt: Wird das bestätigt und geklärt, was ich erfahren habe, oder wird es verwischt? Und daß beides zusammenkam, die Worte der Bibel und die Gewißheit und Freude in mir, das war es, was mir alles festmachte und wohl auch festerhalten wird laut Gottes unverbrüchlicher Zusage. So hat er selbst sein Wort in mir als Wahrheit und göttliche Wirklichkeit ausgewiesen.

Arno Pagel

Geboren 1914 in Leverkusen – Studium der Theologie in Marburg, Bonn, an der illegalen Hochschule der Bekennenden Kirche in Wuppertal, Münster – beide Examina illegal bei der Bekennenden Kirche – Kriegsdienst – Gefangenschaft – Pastor in Bergneustadt und Wiehl – ab 1946 Bundespfarrer des Deutschen Verbandes der Jugendbünde für Entschiedenes Christentum (EC) – ab 1974 Weltbundpräsident des EC – von 1954–1979 Missionsdirektor der Marburger Mission.

So fanden wir uns

Mancherlei Begegnungen mit dem Worte Gottes

In der Zeit bis zu meinem 15. Lebensjahr kannte ich die Bibel als das Buch, in dem meine Mutter las, aus dem wir für den Konfirmandenunterricht Sprüche lernten und das gelegentlich in den Religionsstunden verwandt wurde. Dann aber trat ich dem Schüler-Bibelkreis (BK) in meiner Heimatstadt Leverkusen bei und bekam den ersten Bibelleseplan meines Lebens, den diese Organisation herausgab, in die Hände. Ich fing an, die Bibel an Hand dieses Planes zu lesen, wenn auch nicht immer ganz treu und regelmäßig.

Der Erfolg davon war noch nicht, daß ich in eine wirklich

persönliche Glaubens- und Lebensgemeinschaft mit dem Gott und dem Heiland Jesus Christus kam, von denen in diesem Buch die Rede ist. Aber ich gewann doch den bestimmenden Eindruck, daß die Botschaft der Bibel es wert sei, verkündigt und an andere Menschen weitergegeben zu werden und daß der Pfarrerberuf dafür eine geeignete Form biete. So begann ich im Sommersemester 1933 mit dem Studium der Theologie, wenige Monate nachdem Adolf Hitler in Deutschland die Macht übernommen hatte. Meine Professoren gingen im allgemeinen in ihren Vorlesungen mit der Bibel nicht so um, daß die Liebe und das Vertrauen zu ihr gestärkt wurde.

Eine Stunde aus den ersten Studienjahren ist mir jedoch unvergeßlich und dankbar in der Erinnerung haften geblieben. Professor Karl Bornhäuser in Marburg, ein durch und durch bibelgläubiger Theologe, behandelte in einer Vorlesung die Leidens- und Auferstehungsgeschichte Jesu. Er kam an das Geschehen von Golgatha und wollte uns jungen Studenten das Geheimnis des Kreuzes erschließen. Auf einmal erstickten Tränen seine Stimme. Er konnte nicht als kühl-sachlicher Referent dieses tiefste göttliche Wunder und Geheimnis unseres Glaubens vortragen. Er war als Zeuge davon in seinem Herzen und Gewissen so gepackt, daß es ihm in jenem Augenblick die Sprache verschlug. Er brach mitten in der Vorlesung ab und verließ still den Hörsaal. Ich empfand das kein bißchen als sentimental und weichlich. Mich überkam ein staunendes Ahnen, daß Herz und Mitte der Bibel das Wort der Erlösung, das Wort vom Kreuz ist und daß es Menschen in der Tiefe ihrer Existenz erfassen kann.

Die Jahre meines Studiums 1933–1937 fielen in die Jahre des Kirchenkampfes. Ich gehörte der Bekennenden Kirche an und hatte das Glück, immer wieder auf Menschen, auch auf Dozenten der Theologie zu stoßen, die bereit waren, für die unverfälschte, klare Botschaft der Bibel ihre ganze Existenz aufs Spiel zu setzen. Allerdings gab es für mich nur noch *ein* weiteres Mal eine Stunde, die von einer ähnlichen Bedeutung für mich wurde wie die Vorlesung bei Prof. Bornhäuser. Das war, als der damalige Präses der Bekennenden Kirche im Rheinland, Pastor D. Paul Humburg, uns nach dem Abschluß unserer ersten theologischen Prüfung um sich versammelte. Wir hatten die Prüfung illegal, heimlich, ohne Anerkennung des Staates und der von ihm eingesetzten oder geduldeten offiziellen Kirchenbehörden abgelegt. Humburg sprach in einer väterlichen, bevollmächtigten, seelsorgerlichen Weise zu uns, wie es mir so nie wieder begegnet ist.

Er legte vor uns einen Bibeltext aus, und zwar die Abschiedsrede des Apostels Paulus an die Ältesten von Ephesus. Er malte uns die Schönheit und die das Leben total bindende Verpflichtung des Dienstes für Jesus vor die Augen. Er führte auch das Prophetenwort an: »Reinigt euch, die ihr des Herrn Geräte tragt!« (Jes 52,11). Bei einer solchen Auslegung und Anwendung der Bibel blieb nichts von einem ehrwürdigen Abstand der Jahrtausende, nichts vom Staub der Geschichte übrig. Da wurde alles gegenwärtiges Leben – Anrede Gottes an die Menschen von heute. In mir stieg der Wunsch auf: »Herr, so ganz auf dich und so ganz auf den lebendigen Menschen bezogen, laß mich dein Wort einmal verkündigen dürfen!«

Die freie Gnade

Bald stand ich dann selber die ersten Male auf der Kanzel – als ein sehr junger und sehr unerfahrener Anfänger. Wie freundlich vom Herrn, daß er mich zu einem Gemeinschaftspastor im Oberbergischen als Vikar kommen ließ, der mir einen ganz entscheidenden Dienst vom Wort der Bibel her tat! Es war inzwischen in meinem geistlichen Leben gar kein Zweifel, daß ich Jesus kannte und liebte und ihm dienen wollte. Aber es war da noch etwas, das blockierte. Ich war und blieb einer gewissen Gesetzlichkeit verhaftet. In meiner nächsten Verwandtschaft und Bekanntschaft hatte es Adventisten gegeben. Das ist jene christliche Gemeinschaft – von vielen auch Sekte genannt –, in der zu den wichtigsten Stücken im Christsein gehört, daß man statt des Sonntags den Samstag als Ruhetag hält. Damit sind die Adventisten – wie sie meinen – dem Willen Gottes gehorsam. Auch das Halten mancher anderer Stücke des Alten Testamentes gehört für sie dazu, vor allem das Beachten der Speisegesetze. Nun hatte ich mich diesem Einfluß schon weithin entzogen, wobei ich nicht übersah, daß an der Art des Christseins der Adventisten auch viel Echtes und Ernsthaftes war. Aber zur Mitte der Bibel, zum vollen Verständnis der Botschaft vom Kreuz Christi, waren sie nicht vorgestoßen.

Man kann auch sagen: Was es um die freie, herrliche, vom Menschen nie zu verdienende Gnade Gottes ist – das konnte man bei ihnen nicht lernen. Das erfuhr ich aber jetzt in den seelsorgerlichen Gesprächen mit meinem »Vikariatsvater«. Pastor Karl Stegemann in Wiehl im schönen Oberbergischen nahm sich viel Zeit für mich. Wir lasen die Bibel miteinander, wir hatten Gebetsgemeinschaft. Die Eierschalen falscher gesetzlicher Bindungen und Verkrampfungen fielen von mir ab. Nun konnte ich endlich im Jubel der vollen biblischen Erlösung stehen. Ich konnte mit Paulus bekennen: »Aus Gnade seid ihr selig geworden durch den Glauben – und das nicht aus euch: Gottes Gabe ist es –, nicht aus den Werken, auf daß sich nicht jemand rühme« (Eph 2,8–9). Fortan wurde es mir noch viel lieber und leichter als bisher, den gekreuzigten Christus als das Herz aller biblischen Botschaft zu bezeugen.

Doch ließ mich Karl Stegemann – ganz im Sinne des Paulus und auch des Märtyrers Dietrich Bonhoeffer – nicht darüber im Zweifel, daß die Gnade nichts mit einer billigen Allerweltsware zu tun hat, daß sie eine teure Gnade ist. Damit sie wirksam werden konnte, hat der Sohn Gottes sein Leben geopfert. Wer wirklich diese einzigartige Gabe erfaßt, wer in ihr Geheimnis eindringt, der ist mit seiner ganzen Existenz an sie gebunden, den erzieht sie, den macht sie zur Heiligung und zum Dienst bereit. Das alles in der Kraft von oben und zur Ehre des Herrn!

Licht von oben

Nun hatten wir uns endlich und endgültig ganz gefunden – die Bibel und ich. Ich lese, liebe und predige sie nun seit Jahrzehnten – wahrlich nicht immer treu genug, nicht immer so zum Vertrauen und Gehorsam willig, wie sie es verdient. Aber auseinanderbringen kann uns keiner mehr!

Pastor Karl Stegemann habe ich neben dem berichteten wichtigen Dienst noch etwas zu verdanken. Er hat mich mit dem besten und nächsten Freund, den er auf Erden hatte, bekanntgemacht: mit Pastor Alfred Christlieb aus dem oberbergischen Dörflein Heidberg. Christlieb war schon einige Jahre heimgegangen, als ich nach Wiehl kam. Aber immer wieder hörte ich aus Stegemanns Munde von seiner Wirksamkeit und seiner einzigartig schlichten und tiefen Bibelauslegung, die zum Teil über seinen Tod hinaus in einigen von Stegemann herausgegebenen Büchern festgehalten worden war. Ich las Christliebs »Der Apostel Paulus« und konnte nur staunen, was der Ausleger Christlieb für Schätze in der Bibel entdeckte und hob. Wie reich war doch das Wort Gottes für den, der betend in ihm forschte!

Ich heiratete die Tochter eines gläubigen Landwirts aus dem Oberbergischen. Pastor Christlieb hatte ihn geistlich geprägt. Unter anderem gab er mir ein Erlebnis weiter, das er als zwölfjähriger Junge gehabt hatte. Da begab es sich, daß er einmal hinter Alfred Christlieb und dessen Kirchmeister herging. Der Kirchmeister war sein leiblicher Onkel. Die beiden unterhielten sich über die letzte Predigt. Nie hat der kleine Robert Müller vergessen, wie Christlieb sagte: »Lieber Bruder, ich hatte mit der Vorbereitung der Predigt viel Mühe. Sie wissen, ich liebe den Text in drei ›Päckchen‹ darzubieten, damit es die Leute besser fassen und behalten können. Zwei Päckchen hatte ich, das dritte wollte und wollte sich nicht einstellen. Ich habe immer wieder zum Herrn gefleht. Und schließlich kam Licht von oben! Alles am Text war klar!« Eine ganz große Freude des Schriftforschers Alfred Christlieb sprach aus diesen Sätzen. Es ist die Freude dessen, dem Gottes Wort zu leuchten anfängt. Wo gibt es eine echtere und tiefere Freude?

Wie oft habe ich in den dunklen Jahren des Zweiten Weltkrieges und der Gefangenschaft etwas von diesem »Licht von oben« erfahren, wenn ich allein oder mit einigen Brüdern, die mir der Herr zuführte, in der aufgeschlagenen Bibel las! Ich wurde dann 1946 Bundespfarrer des Deutschen EC-Verbandes und erlebte jene einzigartigen Jugendfreizeiten und -evangelisationen nach dem Kriege mit, die voller Wirkungen und Siege des biblischen Zeugnisses waren. Wie materiell ärmlich ging es uns damals! Daß wir jemals Freizeiten an »Traumstränden« des Mittelmeeres durchführen würden – so etwas Kühnes wagte niemand zu denken! Wir hatten kein »tolles Programm« mit allerlei Abwechslung. Wir hatten die Bibel und sprachen uns mit den jungen Leuten über ihre Botschaft aus. Wir »predigten den gekreuzigten Christus«, den Heiland für Sünder, der Vergebung schenkt und dem Leben Kraft, Sinn und Ziel gibt. Das genügte, das wirkte! Viele junge Menschen fanden Christus, viele haben sich auf dem Wege mit ihm bewährt.

Seitdem ist es mir unverrückbar festgestanden: Auch in der Jugendarbeit – was immer man sonst noch in sie einbeziehen kann und darf – geht es im letzten Grunde um nichts anderes, als daß diese beiden sich finden: die Bibel und der junge Mensch. Denn in der Bibel und nur in der Bibel begegnet uns der lebendige Gott und der rettende Heiland Jesus Christus und greift nach uns im Wunder seiner immer neu wirksamen Offenbarung.

Reinhold Pregla

Geboren 1938 in Glauchau (Sachsen) – Studium der Elektrotechnik an der Technischen Universität Braunschweig – Promotion 1966 – ab 1972 Inhaber des Lehrstuhls für Hochfrequenz an der Ruhr-Universität Bochum – ab 1976 Professor an der Fern-Universität Hagen – Mitarbeiter im Jugendbund für EC und in der Landeskirchlichen Gemeinschaft.

Viele Stationen auf dem Wege zur Bibel

Die Bibel ist mir von Kind auf bekannt. Sie wurde in meinem Elternhaus mit großer Treue regelmäßig gelesen. Diese Treue ist noch heute für mich Vorbild. Ein besonderes Erlebnis, das dafür ein Beispiel ist, werde ich nicht vergessen, weil es einen sehr tiefen Eindruck bei mir hinterlassen hat. Es war im Februar 1944, als mein Vater noch in der Nacht abgeholt wurde. Er ahnte wohl, daß er nicht so schnell zurückkommen würde. Nachdem er sich zum Mitgehen fertiggemacht hatte, versammelte er uns um sich, las den biblischen Abschnitt und betete mit uns kniend und verabschiedete sich dann, indem er uns der Gnade Gottes anbefahl.

Wenn ich nun sagen soll, wie ich selbst mit der Bibel in Beziehung gekommen bin, dann muß ich viele Stationen aufführen, in denen die verschiedensten Menschen dazu beigetragen haben, mir den Zugang zu eröffnen.

Zuerst waren es die biblischen Geschichten aus dem Alten und Neuen Testament, die ich in vielen Kinder- und Jungscharstunden kennenlernte. Viele sind mir aus jener Zeit noch gut in Erinnerung. Dabei denke ich gern an die Sonntagsschullehrerin, die trotz ihrer Körperbehinderung uns Kindern strahlend von Jesus erzählte, ich denke auch an den jungen Techniker, der uns Älteren dann manche Zusammenhänge sachlich darzulegen versuchte, und an jene Diakonisse, die uns in der Kinderstunde die biblische Geschichte nahebrachte. Natürlich habe ich damals noch nicht viel verstanden oder gleich für mein Leben anwenden können, aber mir ist doch einiges im Gedächtnis haftengeblieben, nicht nur viele der einzelnen Geschichten und Berichte, Gleichnisse und Aussagen, sondern auch Tatsachen der Geschichte Gottes mit den Menschen, der Geschichte des Volkes Israel, der Geschichte der ersten Christen. Von dieser Erfahrung her scheint es mir wichtig, daß schon Kinder mit den biblischen Erzählungen und ihren Anliegen bekannt gemacht werden. Von besonderer Bedeutung war für mich die kirchliche Christenlehre, die dem Konfirmandenunterricht vorausging und dieser selbst auch. In beidem wurde versucht, den Inhalt des christlichen Glaubens so darzulegen, daß damit ein Fundament für Glauben und Leben gelegt werden konnte. Die Christenlehre wurde von einem pensionierten Studienrat erteilt. In seiner Person waren vielseitiges Wissen und Liebe zur Bibel und Kirche vereinigt.

Eine weitere Station war der Jugendkreis der Landeskirchlichen Gemeinschaft. Hier lernte ich junge Menschen kennen, die selbst regelmäßig die Bibel lasen. Sie berichteten davon, was ihnen persönlich die Bibel sagte und welche Erfahrungen sie gemacht hatten. Letztlich ging es dabei um das Leben mit und unter dem Herrn Jesus Christus. So bedurfte es dann bei mir nur noch eines Anstoßes, um auf Grund des Wissens und der Vorbilder selbst das Wagnis des Christseins einzugehen. Nein, es war nicht ein Anstoß, sondern der Ruf Jesu durch einen Evangelisten, in seine Nachfolge zu treten. Dieser Ruf traf mich vor einem wichtigen Punkt in meinem Leben: Ich mußte damals mein Elternhaus verlassen und kam aus einer Kleinstadt Mitteldeutschlands in die Großstadt Berlin. Durch die neue persönliche Beziehung zu Jesus Christus war es selbstverständlich, daß ich die Gemeinschaft mit Christen suchte. Ich fand sie einerseits im Jugendbund für Entschiedenes Christentum in Friedenau, andererseits in einem Bibelkreis mit dem alten CVJM-Generalsekretär Willy Stoeltzner im CVJM-Haus am Nollendorfplatz. Dieser war es, der mir vieles in der Bibel klarmachte und mir in meinem jungen Christsein weiterhalf.

Er hatte einen reichen Erfahrungsschatz, und deshalb wechselten auch noch manche Briefe zwischen Berlin und Braunschweig, wo ich später studierte, hin und her. In Braunschweig habe ich in der Gemeinschaft und im Jugendbund (EC) zu buchstabieren angefangen, daß die Zugehörigkeit zu Jesus Christus Dienst für ihn bedeutet. Dies war für mich die Mitwirkung bei missionarischen Einsätzen, u. a. zusammen mit dem volksmissionarischen Amt der Landeskirche, Gespräche mit jungen Menschen auf der Straße über Jesus Christus und über die Bibel, Durchführung von Jugendbibelstunden, Durchführung von Gesprächsabenden für Studenten im Rahmen der SMD. Immer war dabei die Bibel von zentraler Bedeutung. Wer nämlich erkannt und erfahren hat, daß die Bibel das Buch aller Bücher ist, der muß sich auch dafür verantwortlich wissen, daß sie und ihr Inhalt den Menschen bekannt gemacht werden. Dabei war der Dienst mit der Bibel für mich selbst von großem Gewinn, denn wer etwas weitergeben will, muß sich zunächst selbst gründlich damit auseinandersetzen. Dies gilt für mich auch heute noch. Und es bereitet einfach Freude, die Bibel zu lesen, in ihr zu forschen, ihren Gedanken nachzuspüren.

Von Gewinn war für mich auch die Bekanntschaft mit dem Taschenbibelbund. Hier lernte ich eine größere Dimension der Bibelmission kennen.

Was mir die Bibel bedeutet

Die Bibel zeigt mir, worin die eigentlichen Werte des Lebens bestehen, was notwendig ist, um glücklich zu werden, wie der Mensch zur Erfüllung kommen kann und was der Sinn seines Lebens ist. Der Sinn unseres Lebens kann uns nur von einer höheren Warte, nämlich unserem Schöpfer, gegeben werden. Diese Logik wird uns im irdischen Bereich sofort klar, wenn wir als Beispiel das Verhältnis von Kunstwerk und Künstler betrachten. Nicht das Kunstwerk kann angeben, wofür es da ist, sondern der über dem geschaffenen Kunstwerk auf einer höheren Warte stehende Künstler bestimmt den Zweck und Sinn. Nach meiner Überzeugung gibt es kein anderes Buch als die Bibel, das uns helfen könnte, den Sinn des Lebens zu finden. Die Bibel bringt uns nämlich in Beziehung zu dem Gott, den sie uns als unseren Schöpfer bezeugt. Je länger ich mit der Bibel umgehe, desto mehr staune ich über ihre Vielseitigkeit und über den Reichtum an Lebensweisheit, der in ihr verborgen ist. Dabei konnte ich feststellen, daß die Bibel nicht nur die Geschichte Gottes mit uns Menschen beschreibt und Jesus Christus als den einzigen Weg zu Gott angibt, sondern daß sie in die konkrete Situation meiner persönlichen Existenz hineinspricht. Sie zeigt mir, worüber ich mich freuen kann, sie zeigt mir, wie ich mich verhalten soll, um die richtige Entscheidung zu treffen, sie spricht mich auf mein Verhältnis zu meinen Mitmenschen an, sie zeigt mir, was wichtig und was unwichtig ist in meinem Leben, sie spricht mir Mut zu, wenn ich verzagt bin, sie tröstet mich, wenn ich einen Verlust zu beklagen habe oder in notvollen und schwierigen Situationen bin, sie zeigt mir, wie ich beten kann, sie sagt mir, wo ich meine Kraft einsetzen kann und soll. Sie weist mich aber auch auf die wunden Punkte in meinem Leben hin und sagt mir Vergebung zu. Ich erfahre, daß durch die Bibel Jesus Christus selbst zu mir spricht.

Die Bibel zeigt mir, wer Jesus Christus war und ist. Sie zeigt mir, wie Gott durch ihn geredet und gehandelt hat. Dabei erkenne ich, daß er nicht geteilt ist wie wir. Sein Reden und

Handeln stimmen überein. Er spricht nicht nur von Liebe, sondern er lebt Liebe. Er spricht nicht nur von Frieden, er bringt den Frieden. Er spricht nicht nur von Vergebung, er vergibt auch. Die Bibel macht mir deutlich, daß Jesu Liebe zu mir so weit geht, daß er sich für mich und die Welt kreuzigen läßt. An dieser Stelle erkenne ich die Mitte der Bibel.

Was mich an der Bibel beeindruckt

Die Bibel ist ein sehr objektives Buch. Dabei beeindruckt mich, daß die Bibel keine Schönfärberei betreibt; denn sie beschreibt die Menschen, wie sie wirklich waren, mit ihren positiven und negativen Charakterzügen, mit ihren guten und schlechten Taten. Sie verschweigt auch bei den sogenannten Glaubenshelden nicht deren Verirrungen und Abwege. So verschweigt sie z. B. nicht den Ehebruch und den Mord eines David, das Nichtwartenkönnen eines Abraham auf die Erfüllung der ihm von Gott gegebenen Verheißung auf einen Nachkommen und seinen folgenschweren Weg der Selbsthilfe, die Verleugnung Jesu durch seinen Jünger Petrus, der für seinen Herrn in den Tod gehen wollte und der ein Felsen werden sollte beim Bau der Kirche Jesu. Die Bibel zeigt aber auch, wie diese Menschen zurückgefunden haben oder besser, wie sie zurückgeholt worden sind. Und die Art und Weise, wie dies geschieht, ist in jedem Fall nicht nur interessant, sondern staunenswert.

Ich bin beeindruckt davon, wie treffend die Bibel aufzeigt, was der Mensch ist – und dies schon auf den ersten Seiten –, wie sie sein Verhalten verdeutlicht und wie sie ihn charakterisiert. Zum Beispiel zeigt sie schon gleich am Anfang, daß er nicht bereit ist, Verantwortung für seine Taten zu übernehmen und seine Schuld zu gestehen, sondern daß er stets bemüht ist, seine Schuld auf andere abzuwälzen. Ich staune darüber, daß Gott sich letztlich nicht dazu entscheidet, die Menschen zu vernichten, obwohl diese sich immer neu gegen ihn entscheiden und sich von ihm abwenden. Nein, er entscheidet sich immer neu für die Menschen und sucht Wege, sie zurückzuführen, indem er Menschen auserwählt, die seine Diener sind und die er mit besonderen Aufgaben belegt. Ich staune über den roten Faden der Heilsgeschichte, der sich durch die Bibel hindurchzieht, beginnend auf den ersten Seiten bis hin zu den letzten. Ich staune darüber, wie die Bibel im Alten Testament auf den Einen, Jesus Christus, hinarbeitet, wie sie durch verschiedene Schreiber und auf unterschiedliche Weise sein Kommen und seine Bedeutung voraussagt. Dabei vermittelt sie in großartigen Bildern Zuversicht und Hoffnung. Ich staune über die Erfüllung im Neuen Testament, über die Einzigartigkeit der Person Jesu, über die menschenverändernde Kraft. Schließlich kenne ich keine bessere Hoffnung für unsere Zukunft als die, die die Bibel vermittelt.

Rolf Scheffbuch

Geboren 1933 – aufgewachsen in Württemberg – Studium der Theologie an der Universität Tübingen – als Austauschstudent 1955–1956 am Wittenberg-College in Springfield, Ohio/USA – während des Vikariats 3 Jahre persönlicher Referent von Landesbischof Haug – 1959 am Ulmer Münster – von 1965–1974 Leiter des Evang. Jugendwerkes in Württemberg – ab 1975 Dekan in Schorndorf – Vorsitzender der Ludwig-Hofacker-Vereinigung – Mitglied der Württembergischen Landessynode und der Synode der EKD.

So fanden wir uns

1. Die alten Möbel und die ewig junge Bibel

Über unsere elterlichen Eßzimmermöbel pflegte meine Mutter zu spotten: »Der tut mir schon heute leid, der die einmal erben muß!« Ganze Hundertschaften von weiblichen Besuchern hatten sich nämlich an dem rissigen alten Holz die Strümpfe verdorben. Wer nach dem Abwaschen das Geschirr wieder in die unpraktischen Eckschränkchen zu stapeln hatte, bekam darüber Sodbrennen, weil er sich so sehr verrenken mußte. Das brüchige Strohgeflecht an den Stuhllehnen war der Alptraum aller Mütter, die uns besuchten, weil die Kinder mit Vorliebe Finger,

Stricknadeln und Bauklötzchen durch das wertvolle Geflecht bohrten.

Aber mit diesem Mobiliar hängt meine erste Liebe zur Bibel zusammen. Täglich erzählte die Mutter uns sechs Kindern eine biblische Geschichte. Sie konnte das so anschaulich, daß wir mitzitterten, wenn Goliath den Gott Israels schmähte, oder daß wir am liebsten auch auf die Knie im Heiligtum gesunken wären, wenn uns von Hiskia berichtet wurde, wie er den Brief des assyrischen Königs im Haus des Herrn vor Gott ausbreitete. Ähnlich anschaulich muß meine Mutter mir von Daniel in der Löwengrube erzählt haben; denn – so berichtete später mein Vater immer wieder lachend – ich sei als ganz kleiner Kerl immer wieder mit traurigem Gesicht hinter die Stuhllehne getreten und hätte durch das Strohgeflecht hindurch mit klagender Stimme gerufen: »Daniel, Daniel!«

So hat die Mutter uns Geschwistern die Bibel schon von frühester Kindheit an lieb gemacht. Eigentlich lebte sie so in der Bibel, daß sie zum Erzählen sicher keine Bibel als Hilfe zur Erinnerung gebraucht hätte. Aber sie hatte dabei immer die aufgeschlagene Bibel in der Hand. Bei wichtigen Abschnitten oder bei wörtlichen Zitaten konnte sie dann sagen: »Und dann steht hier . . .«, und sie zitierte den Bibeltext wörtlich. Es ging ihr nicht darum, daß sie selbst als große Geschichtenerzählerin von uns geschätzt wurde. Bis in das Methodische hinein ließ sie ihre eigene mütterliche Autorität und ihre Autorität als Erzählerin zurücktreten hinter der Autorität des Buches aller Bücher.

Aber ganz feierlich war mir zumute, wenn sie in dem besagten Eckschränkchen ein kleines Fach aufzog, um mir eine schöne, in wertvolles, geschmeidiges Leder gebundene Bibel mit herrlich glänzendem Goldschnitt zu zeigen. »Das ist deine Taufbibel, die hast du von deinen Paten bekommen, die jetzt als Missionare im Westen von Kanada leben. Wenn du einmal lesen lernst, darfst du selbst in dieser deiner Bibel lesen!« Ich denke, das war der wesentliche Grund dafür, warum ich richtig begierig danach war, das Lesen zu erlernen. Meine Mutter hatte ein Verlangen in mir geweckt: Es mußte das Herrlichste vom Herrlichen sein, wenn man selbst in diesem Buch ohnegleichen lesen durfte!

2. Kampf um die Bibel

1937 war es soweit, daß ich in die Schule kam. Lesen und vieles andere Wichtige lernte ich bei einem hervorragenden Pädagogen, einem Missionarssohn. Aber manche Enttäuschungen, auch mit der Mission und mit Christen, hatten ihn zu einem fanatischen Nationalsozialisten und Verehrer Hitlers werden lassen. Als er vor uns jungen Büblein wieder einmal seinen ganzen Judenhaß hinausschrie, da hatte mein Klassenkamerad Fritz, aus einer kirchlichen Familie stammend, die Kühnheit, sich zu melden und zu sagen: »Aber Jesus war auch ein Jude!« Ich sehe noch, wie unser Lehrer ganz fahl im Gesicht wurde. Erst heute begreife ich, wie dieser Satz eines kleinen Schuljungen sein Gewissen und all das, was ihm einst vom Elternhaus her heilig gewesen sein muß, geweckt haben muß. Aber dann sagte er einen Satz, der den ersten Grund dazu legte, daß wir paar aus der »Sonntagsschule« an der Autorität unseres bis dahin so verehrten Lehrers zweifeln lernten. Er sagte: »Nein, Jesus war kein Jude. Jesus war Arier!« Aber wir wußten es doch aus dem, was uns Sonntag um Sonntag so anschaulich in der Kinderkirche unserer aktiven Heimatgemeinde mitgegeben wurde: Jesus war zu den verlorenen Schafen aus dem Haus Israel gekommen; er war als Zwölfjähriger voll Freude zum Tempel Israels gezogen; er hatte die Verheißungen der Väter aus dem Volk Israel erfüllt – bis hin zum Kreuz.

Es kamen dann bald die Jahre, in denen der Religionsunterricht an den Schulen abgelöst werden sollte durch den »Weltanschauungsunterricht«, in denen kirchliche Kindergärten ersetzt werden sollten durch NS-Kindergärten (sog. »braune« Kindergärten). Im Haus lieber christlicher Verwandter erlebte ich eine heiße Aussprache am sonntäglichen Kaffeetisch. Die fromme Tante war für den Frieden. Die Christen sollten sich doch nicht um alles und jedes »verkämpfen«. Adolf Hitler vertrete doch ein »positives Christentum«, und durch die nationalsozialistische Volkswohlfahrt würde doch jetzt so viel Gutes getan, es gebe keine Arbeitslosen mehr, und die Armen würden unterstützt.

Da erlebte ich aber dann meine Mutter in einem »heiligen Zorn«. Mit hochrotem Kopf rief sie: »Ihr laßt euch die Kindergärten nehmen und den Religionsunterricht nehmen! Ihr laßt euch eines Tages auch noch die Bibel nehmen!« Ich habe damals die Zusammenhänge nicht begriffen. Aber diesen Satz habe ich noch im Ohr, weil er ganz tief in mich einprägte, was das Charakterloseste und das Schrecklichste bei einem Christen sein kann, daß er sich nämlich widerstandslos die Bibel aus der Hand winden läßt!

Der 1939 vom Zaun gebrochene Krieg brachte es dann soweit: Wegen Einsparungsmaßnahmen durften keine christlichen Blätter und keine Bibeln mehr gedruckt werden. Fliegerangriffe zerstörten die Magazine der »Privilegierten Bibelanstalt« in Stuttgart. Als Konfirmanden bekamen wir keine Bibeln mehr, sondern nur einzelne schmale geheftete Bibelteile, Restbestände aus den Kellern der zerstörten Stuttgarter Bibelanstalt.

Wenn heute so schrecklich theoretisch davon gesprochen wird, daß man Hungernden nicht mit christlichen Traktaten oder mit Bibeln die Mägen füllen kann, dann denke ich mit großer Dankbarkeit daran, daß im ersten Nachkriegsjahr neben ersten Büchsen mit herrlicher schweizerischer Kondensmilch und neben Päckchen mit stärkendem schwedischen Knäckebrot und neben amerikanischem Milchpulver uns wieder Neue Testamente in die Hand gegeben wurden. Ja, wir hatten damals unvorstellbaren Hunger. Hunger nach Eßbarem und auch Hunger nach Gottes Weisung und nach Gottes Trost.

Amerikanische Christen hatten auf fotomechanischem Weg deutsche Testamente mit der alten Frakturschrift nachdrucken lassen und das Ganze umgeben mit einem farbenprächtigen glänzenden Umschlag, der die Gestade des Sees Genezareth zeigte. Darauf prangte die Überschrift mit einem Druckfehler gleich beim ersten Buchstaben »OAS NEUE TESTAMENT«. Das führte dann dazu, daß wir in unseren damals so stark besuchten Jugendkreisen für diese Testamente die Bezeichnung »OAS« einführten. Es wird wohl erst einmal in der Welt Gottes klar werden, wieviel diese »OAS« zum neuen Anfang in einem äußerlich und erst recht innerlich zerbrochenen Deutschland beigetragen haben.

3. Das wunderbare Licht

In den Nachkriegsjahren wurde mir die schöne Taufbibel immer mehr zum täglichen Handwerkszeug. Viele große Jugendseelsorger halfen beim Heimischwerden in der Bibel. Vom glänzenden Goldschnitt war nicht mehr viel zu sehen. Johannes Busch hatte es uns klar gemacht: »Bibeln, in denen noch nach Jahren die Seiten aneinander kleben, sind Gott ein Ekel! Die schönste Bibel ist eine zerlesene Bibel!« Gott hatte mir Menschen in den Weg geschickt, die weltgewandt, fröhlich und vital am Wiederaufbau Deutschlands mitschafften und die es darüber bezeugten, daß sie die Kraft dazu aus der Bibel holten. Was war das für eine Zeit, als Theodor Heuss nach seiner Wahl zum ersten Präsidenten der Bundesrepublik auf dem Bonner Marktplatz seine Ansprache schloß mit dem Bibelwort: »Gerechtigkeit erhöht ein Volk, aber die Sünde ist der Leute Verderben!« Beim Stuttgarter Kirchentag 1952 lauteten die Themen der Abendveranstaltungen: »Mit der Bibel kann man leben« und »Mit der Bibel kann man sterben«. Aber zugleich damit wurde auch jene Strömung in unserer Kirche mächtiger, die sich zum Anwalt des sog. »modernen Menschen« zu machen versuchte und die wesentliche biblische Aussagen diesem »modernen Menschen« vorenthalten zu müssen glaubte. In jenen Jahren hatte ich mich zum Studium der Theologie entschlossen. Ich wollte das hauptberuflich tun können, was mich in mancherlei ehrenamtlicher Mitarbeit in Kinderkirche und Jugendarbeit reich gemacht hatte: das Hören auf die Bibel und das Weitergeben der biblischen Wahrheit.

Aber je mehr ich Theologie las und hörte, desto mehr merkte ich, daß ich meine Bibel noch gar nicht recht kannte. So entschloß ich mich, vor allem die Bibel zu lesen, mir Bibelworte einzuprägen, Bibelkunde so systematisch zu betreiben, daß ich mich mehr und mehr in der Bibel zu Hause fühlen konnte. Über dem allem aber war es die Wahrheit des biblischen Wortes selbst, das mich packte. Trotzdem hatte ich immer etwas Bange davor, ich könnte von einem meiner Mitstudenten dabei ertappt werden, daß ich die Bibel nicht nur als ein Nachschlagewerk, sondern als Quelle der Erkenntnis benützte. Darum stapelte ich meist um die Bibel Stöße anderer theologischer Werke. Aber eines Tages schickte mir Gott eine Ermutigung, für die ich heute noch dankbar bin. Ich war von meiner Morgenandacht über der geöffneten Bibel zum Frühstück in unserem Studienhaus weggegangen. Diesmal lagen neben der Bibel keine theologischen Werke. In diesem Augenblick muß einer unserer Mitstudenten in meine Bude hereingekommen sein, ein so sehr begabter kritischer Student, daß wir ihm mit Ehrfurcht den Necknamen »Nietzsche« gegeben hatten. »Nietzsche« kam verspätet zum Frühstück. Er blieb vor dem Frühstückstisch stehen. Jeder erwartete von ihm eine Weisheit oder einen Spott. Aber er sagte, und man spürte ihm Betroffenheit ab: »Wißt ihr, der Scheffbuch macht eigentlich das Gescheiteste; er liest die Bibel!« Für mich war's eine Ermutigung, damit weiterzumachen. Die Wahrheit der Bibel »hatte« mich.

In den vielen Jahren seitdem komme ich aus dem Staunen nicht heraus, wie unser lebendiger Herr Tag um Tag die Bibel als das Wort der Apostel und Propheten dazu benützen kann, um ganz gezielt mit mir zu reden. Meine Paten hatten mir vor ihrer Ausreise nach Kanada in die Taufbibel geschrieben: »Dein Wort ist ein Licht auf meinem Wege.« 25 Jahre später konnte ich sie weit im Westen des amerikanischen Kontinentes besuchen und kennenlernen. Beim Abschied schrieben sie mir in die gleiche Bibel das Wort »that ye should shew forth the praises of him who hath called you out of darkness into his marvellous light« – »daß ihr verkündigen sollt die Tugenden des Herrn, der euch berufen hat von der Finsternis zu seinem wunderbaren Licht«. Mit dem Licht der Bibel kann man leben!

Fritz Schmidt-König

Geboren 1906 in Ostpreußen – verließ 1925 seine Heimat, um sich für den Dienst in der Mission vorzubereiten – bis 1936 leitete er den »Bibeldienst« in Hessen und war Schriftleiter verschiedener christlicher Blätter – seit 1936 in Berlin, wo er bis zu seinem 70. Geburtstag eine Kreispfarrstelle innehatte – Mitarbeiter der Christlichen Presse – nach Verbot seines Kalenders »Ewigkeit in die Zeit« Kriegsdienst und 1944 der Weg in die russische Gefangenschaft – wegen schwerer Erkrankung schon 1946 Heimkehr – dann Pfarrer in Wildau b. Berlin – Dienst im Landeskirchlichen Gemeinschaftswerk Berlin und Leiter des Arbeitsbezirkes Berlin der »Bibelmission in Deutschland« – Vertretungen in Kirchengemeinden – Pastor in der Jakobi-Gemeinde an der Berliner Mauer und dann bis zur Pensionierung im Kirchenkreise Wedding – seit 1964 ehrenamtlich Vorsteher des Diakonissen-Mutterhauses St. Michael – seit 1965 1. Vorsitzender der Christoffel-Blindenmission.

Als Dreizehnjähriger mußte er seine Gedichte, die der Lehrer in der Schulmappe entdeckt hatte, der Klasse vorlesen. Das Lob des Lehrers ließ ihn rot und verlegen werden. Das ist bis heute so geblieben, wenn sich seine Leser bei ihm für seine Gedichte und Erzählungen bedankten. Als Einundzwanzigjähriger fand er einen Verlag, der sein erstes Gedichtbändchen »Feldblumen« herausbrachte. Seitdem sind eine ganze Reihe von Geschenkbüchern mit Erzählungen, Gedichten, Essays und Biographien bekannter Persönlichkeiten erschienen, die viele Leser fanden. Seine Gedichtpostkarten sind zu Hunderttausenden verbreitet. Oft grüßen uns seine Verse in Kalendern und im Losungsbuch der Brüdergemeine.

So fanden wir uns

Eigentlich fanden wir uns nicht – die Bibel war schon immer mein Begleiter, von Kindheit an. Ich kann dazu nur einige Bilder aus meinem Leben zeichnen. Im Haus meiner Großeltern, in dem ich aufgewachsen bin, wurde jeden Abend nach dem Essen nach einem Bibelleseplan, den die Großeltern aus dem Gottesdienst mitbrachten, ein Bibelabschnitt gelesen. Sobald ich fließend lesen konnte – ich war vielleicht acht oder neun Jahre alt –, mußte ich den Abschnitt aus der Bibel vorlesen, d. h. ich mußte nicht, ich tat es gerne. Schon damals empfand ich eine gewisse Ehrfurcht vor der Sprache der Bibel. Die Lutherübersetzung war die erhabene Sprache des Wortes Gottes. Als viele Jahre später die Bibelübersetzung von Menge erschien, hat sie nicht die Lutherbibel verdrängt. Man nahm die Mengebibel zum Bibelstudium zur Hand und bewunderte den fast 100jährigen Bibelübersetzer. Ich habe dann auch eine Mengebiographie geschrieben, die in vielen Bibelschulen und Missionsseminaren benutzt wurde, genauso wie mein Büchlein über das Leben der Frau Käthe Luther. Es war aber nicht nur die Größe und Feinheit der Bibelsprache, die mich als Schuljungen überstürmte, es war auch der Inhalt des Bibelbuches, der mich fesselte.

Dazu kam der Religionsunterricht und später der Konfirmandenunterricht, denen ich mich ganz hingab. In meiner Phantasie versetzte ich die biblischen Geschichten in meinen Heimatort und seine Umgebung. Ich konnte z. B. den Kreuzesweg Jesu genau verfolgen. Kannte die Häuser und seine Bewohner an diesem Weg. Ich wußte genau die Stelle, wo Jesus unter dem Kreuz zusammenbrach, wo die Frauen um ihn weinten und wo dem Mann von Kyrene das Kreuz aufgelegt wurde.

Ein fast verwilderter Garten eines Kaufmanns meiner Heimatstadt war der Garten Gethsemane, und ganz in der Nähe sah ich am offenen Grab die Maria stehen und weinen: »Sie haben meinen Herrn weggenommen!« Das griff an mein Bubenherz, und ich hätte ihr am liebsten zugerufen: »Weine doch nicht! Er steht ja hinter dir!« Es ist verständlich, daß ich dann später den Kindern im Kindergottesdienst und Konfirmandenunterricht die Gestalten des Alten Testamentes und der Evangelien und das biblische Geschehen so lebendig vorstellte und berichtete, daß ich eigentlich fast immer begeisterte Zuhörer hatte. Auch bei den Jungscharbuben, mit denen ich Spiel und Spaß und lange, oft beschwerliche Wanderungen machte, muckte keiner auf, wenn es hieß: Und nun Wanderung und Rast in der Bibel. Später dann durfte ich in vielen Gemeinden Hessens – das war vor 1933 – und auch in Berlin – das war nach dem 2. Weltkrieg – Bibelausstellungen aufbauen und zeigen und erklären und für die Bibel, das tägliche Bibellesen, das Bibelverschenken werben. Eines Tages kam ein älterer Besucher der Bibelausstellung zu mir und sagte: »Sie haben hier wirklich eine große und interessante Anzahl von Bibelausgaben. Aber eine Bibel vermisse ich.« Als ich den alten Herrn fragend anblickte, meinte er lächelnd: »Es fehlt eine zerlesene Bibel.« Ich mußte ihm recht geben, konnte ihm aber auch von mancher zerlesenen Bibel sagen, die ich bei Hausbesuchen, besonders an Krankenbetten alter Christen, gesehen und voller Ehrfurcht in den Händen gehalten habe. Aber wer gibt schon solch eine Bibel als Ausstellungsstück aus dem Haus? Denn all die Tränen, die durchlesenen und durchbeteten Stunden, Stunden voller Zweifel und Fragen, Glaubenstrotz und Glaubenstrost, Glaubenskampf und Glaubenssieg, die mit diesem Bibelbuch durchlebt und durchlitten sind, kann man nicht der schauenden, gaffenden, neugierigen Menge präsentieren. Man schüttet ungern sein Herzblut auf die Straße. Das machen und das müssen manchmal die Dichter tun. Als Dichter und

Schriftsteller habe ich oft versucht, mein Erleben mit der Bibel aufzuschreiben. Zeitschriften und Buchverleger haben es gerne und nie zu ihrem Nachteil weitergereicht. Viele Dankbriefe führen in die Seelsorge und vor allen Dingen in demütige Anbetung des Herrn, der sündige Menschen in seinem Dienst gebrauchen kann. Der sonntägliche Predigtdienst in der eigenen Kirchengemeinde, auch viele Bibelwochen-Vorträge und Evangelisationen gaben mir Gelegenheit, das wirkende Wunder des Wortes Gottes zu erleben.

Gott gab mir Lehrer und Brüder, die mich leiteten und mir weiterhalfen und mir gleichsam Fremdenführer durch die Landschaft der Bibel wurden. Drei Worte der Heiligen Schrift sind mir besonders wertvoll. Das eine stand bei mir an Hochzeitstagen und auch an Trauertagen an Sarg und Grab: »Es sollen wohl Berge weichen und Hügel hinfallen; aber meine Gnade soll nicht von dir weichen, und der Bund meines Friedens soll nicht hinfallen, spricht der Herr, dein Erbarmer« (Jes 54,10). Und dann mein Konfirmationsspruch, der mir oft Mahnung im Dienst war: »Weil du von Kind auf die Heilige Schrift weißt, kann dich dieselbe unterweisen zur Seligkeit durch den Glauben an Christum Jesum« (2 Tim 3,15). Nummer drei wurde mir bei meiner Ordination von einem lieben alten Mitbruder geschenkt, der es mir dann auch jedes Jahr, bis zu seinem Heimgang, zum Geburtstag schrieb: »Ich will dich zur Freude machen für und für, auf daß du erfahrest, daß Ich, der Herr, bin dein Heiland und Ich, der Mächtige, bin dein Erlöser« (Jes 60,15–16).

Peter Schneider

Jahrgang 1925 – geboren in Essen – aufgewachsen in Berlin – Kriegsteilnehmer – Kriegsgefangenschaft – Studium der Psychologie und Philosophie an der Freien Universität Berlin – längerer Studienaufenthalt in den Vereinigten Staaten – ab 1951 Sekretär des CVJM, Berlin – seitdem Mitarbeit in verschiedenen Organisationen: Navigatoren, Berliner Stadtmission, AKTION: In jedes Haus – seit 1960 Beauftragung mit der Vorbereitung, Durchführung und Nacharbeit der Großevangelisationen mit Dr. Billy Graham – seit 1965 Geschäftsführer der Deutschen Evangelischen Allianz.

So fanden wir uns

An meiner Haltung zur Bibel entschied sich mein Glaube an Jesus

Ich wuchs in einem ganz »normalen« evangelischen Elternhaus auf, mit allem, was traditionell dazugehört: Kindertaufe, Kindergebet vor dem Schlafengehen und vor den Mahlzeiten (später hörte das »natürlich« ganz von allein auf), Religionsunterricht, Konfirmation . . ., ja, das war es dann wohl schon. Nach meiner Einsegnung (wahrheitsgetreuer sollte ich besser »Aussegnung« schreiben) ging ich jedenfalls kaum noch zur Kirche.

Aber ich hatte eine gläubige Großmutter, die viel für mich betete. Sie hat zwar zu ihren Lebzeiten nicht mehr erfahren, daß Gott später ihr Gebet erhörte, aber ich bin davon überzeugt, daß ihr Gebet wesentlich mit dazu beigetragen hatte, daß ich Jesus finden durfte.

Noch aus dem Kriege schrieb ich meinen Eltern voller Selbstbewußtsein: »Ich brauche Jesus nicht. Ich fühle mich mit Gott überall und jederzeit unmittelbar verbunden.« Doch Jesus sagte: »*Ich* bin der Weg, die Wahrheit und das Leben, niemand kommt zum Vater, denn durch mich.« Deshalb kam ich auch so nicht zum Frieden und zur Gewißheit, wiewohl mein Fragen nach Gott und meine vermeintliche Verbindung mit ihm ohne Zweifel aufrichtig empfunden war. Aber Gott machte dann seine Verheißung auch in meinem Leben wahr: »Wenn ihr mich von ganzem Herzen suchen werdet, so will ich mich von euch finden lassen« (Jer 29,13). In seiner großen Barmherzigkeit trat mir Jesus in den Weg.

In der Gefangenschaft fing Gott an, mit mir zu reden

Während des Krieges hatte ich in meinem Seesack (ich war nämlich bei der Marine) kein Neues Testament, sondern eine Dünndruckausgabe von Goethes Faust. Sein »Wer immer strebend sich bemüht, den können wir erlösen« war auch mein Wahlspruch. Aber in der Gefangenschaft wurde ich von gläubigen Kameraden zur Bibelstunde in der Lagergemeinde eingeladen. Da ich mich für Fragen nach Gott interessierte und Zeit hatte, ging ich hin. Da geschah etwas Merkwürdiges: Während die Bibel für mich bisher nur ein ziemlich langweiliges Buch gewesen war, in dem ich lediglich nach Widersprüchen und Unglaubwürdigkeiten suchte, fing sie mit einem Male an, mich zu fesseln. Zwar las ich vorwiegend nur die fettgedruckten Stellen, aber die waren bereits bemerkenswert. So wurde ich bald zu einem regelmäßigen Besucher der Lagergemeinde.

Ohne persönliche Beziehung zu Jesus war ich haltlos

Ich spürte, daß in der Bibel und im christlichen Glauben etwas angeboten wurde, wonach ich mich innerlich sehnte. Aber ich wußte noch nicht recht, damit etwas anzufangen. Ich hatte noch keine persönliche Beziehung zu Jesus.

Als ich dann wieder nach Hause zurückgekehrt war, begann ich mit meinem Studium der Psychologie und Philosophie. Theologie war mir noch »zuviel des Guten«, aber ich wurde aktiv in der evangelischen Jugendarbeit. Da hielt ich Andachten und sprach Gebete, doch spürte ich – je länger, desto mehr –, daß dies nur etwas Angelerntes war. Ja, meine psychologischen »Erkenntnisse« ließen mich sogar zunehmend fragen, ob Beten überhaupt etwas nütze, ob es da überhaupt einen gäbe, der das Gebet hört; ob nicht Beten gar am Ende nur ein Selbstgespräch in frommem Gewande sei, eine Art Autosuggestion?!

Auch kam ich mit dem ungeheuren Anspruch Jesu nicht ganz klar. Gewiß, er imponierte mir wegen seiner hohen Gedanken und seines vorbildlichen Lebenswandels, aber konnte man nicht genauso gut über Mohammed oder Buddha oder über irgendeine andere Hochreligion zu Gott kommen? Führen nicht »viele Wege nach Rom«? Hauptsache sei doch, meinte ich, daß man nach Gott frage. Kurz, einige Semester Psychologie und Philosophie hatten meinen schwach keimenden Glauben aus der Kriegsgefangenschaft schnell wieder verkümmern lassen.

Dennoch litt ich darunter, als evangelischer Jugendleiter aktiv in der Gemeinde mitzuarbeiten und selber voller Zweifel und Ungewißheiten zu stecken. So betete ich schließlich – für den Fall, daß Beten doch etwas nützen könnte, d. h. daß wirklich jemand da ist, der hört und auch erhört –, daß sich Gott mir doch so offenbaren möge, damit ich endlich zur Gewißheit gelangen könnte, ob Jesus wirklich der einzige Weg zu Gott ist oder nicht.

Gott erhörte mein Gebet in überwältigender Weise

Völlig überraschend wurde ich vom Landesjugendpfarrer gefragt, ob ich bereit wäre, an einem Jugendleiter-Austauschprogramm in den USA teilzunehmen. Nun, wer hätte damals, 1951, dazu nein gesagt? Und das war der Anfang der Gebetserhörung.

Unter der Betreuung einer nationalen Wohlfahrtsorganisation in den USA wurde ich, meinem Wunsch entsprechend, zu den unterschiedlichsten Formen evangelischer Jugendarbeit geschickt: in Kirchengemeinden, auf Freizeiten und Lager, in christliche Ausbildungsstätten und auf verschiedene Konferenzen. Hätte ich mir die Reiseroute selbst zusammengestellt, oder wäre dies von einer kirchlichen Organisation aus geschehen, dann hätte ich später immer sagen können: »Wie man in einen Wald hineinruft, so schallt es wieder heraus.« Aber in meinem Falle handelte es sich um eine weltliche Organisation, die an meiner geistlichen Entwicklung überhaupt kein Interesse hatte. So mußte diese Reise also wohl von »höherer Hand« gesteuert gewesen sein, wenn ich sie jetzt rückwirkend betrachte.

Auf dieser Rundreise durch die Vereinigten Staaten wurde ich mit den unterschiedlichsten theologischen Richtungen innerhalb des Protestantismus konfrontiert. Und das in einer Weise, wie es ein Dramaturg nicht besser hätte gestalten können!

Im »ersten Akt« war ich unter meinesgleichen

– womit gleichsam die Hauptperson dieses Dramas vorgestellt wird –, indem ich in modernistisch-liberale Kreise kam, wo man mit der Bibel nach Belieben verfuhr. Man glaubte, was man seinem Verstand zumuten konnte. Was einem – aus welchem Grunde auch immer – nicht paßte, wurde als »mythologisch«, »unecht«, »später hinzugefügt« oder »Jesus in den Mund gelegt« abqualifiziert und damit aus der Bibel »gestrichen«. Aber es ist wie mit einem Buch, aus dem man eine ärgerliche Seite herausreißt: Unausweichlich wird dann auch eine andere Seite locker, auf die man vielleicht großen Wert legt.

So auch hier: Mit dem selbstherrlichen Verfügen über Aussagen der Heiligen Schrift – als ob der menschliche Verstand letztgültige Aussagen über Gott machen könne! – verliert man auch die wunderbaren Verheißungen und Zusagen Gottes. Kein Wunder, daß Anhänger dieser theologischen Richtungen erfahrungsgemäß keine Heilsgewißheit haben und keine spürbare Freude über Gottes Liebe und Barmherzigkeit empfinden. Sie betonen dafür um so mehr die praktischen Auswirkungen des christlichen Glaubens. Heilsgewißheit ist für sie geradezu eine Anmaßung, mangelnde Demut und kindliche Freude über Gott, die sich in entsprechenden Aussagen und Liedern ausdrückt, rückt in die Nähe der Schwärmerei. So empfand ich selbst es zumindest damals.

Dann kam der »zweite Akt«, die Gegenüberstellung mit dem »Gegner«

Ich besuchte ein bekanntes evangelikales College, wo man die ganze Bibel uneingeschränkt als Gottes Wort annimmt und folglich mit seinen Zusagen und Verheißungen ganz fest rechnet. Kein Wunder, daß ich mich mit den Studenten ganz schön »in die Haare« bekam. Sie trugen stets ihre Bibel bei sich und auf jeden meiner Einwände oder Zweifel antworteten sie mit einer Bibelstelle, die sie mir aufgeschlagen vor die Nase hielten.

Abgesehen davon, daß mich ihr Missionseifer ärgerte und ich ihr sehr selbstsicheres Auftreten mit der Bibel in der Hand für geradezu unbiblischen geistlichen Hochmut hielt, mußte ich insgeheim doch zugeben, daß ich sie irgendwie beneidete. Sie wußten, was sie glaubten und was sie an Jesus hatten. Es stand ja geschrieben, und sie vertrauten ganz kindlich – und eigentlich gar nicht hochmütig! – diesem Worte Gottes, so wie es

Jesus tat und seine Jünger. Darüber hinaus mußte ich vor mir selbst eingestehen, daß ich eigentlich die Bibel überhaupt noch nicht kannte – als evangelischer Jugendleiter! Ja, was ich für den Inhalt christlichen Glaubens hielt und in den Streitgesprächen leidenschaftlich verfocht, stand nicht selten im krassen Gegensatz zu den Aussagen der Bibel, wie es mir bei deren Antworten bewußt wurde. Es war offenbar mehr meine eigene Religion, die ich mir da zusammengebastelt und lediglich mit einem christlichen Mäntelchen versehen hatte.

Und wenn ich dann noch das fröhliche, lebendige Singen bei ihren Zusammenkünften hörte und dies mit dem häufig armseligen und müden Gesang in unseren Kirchen zu Hause verglich, dann konnte ich nicht umhin zuzugeben, daß diese Studenten etwas besaßen, das mir fehlte – eine glaubhafte, natürliche, ursprüngliche Freude an Jesus, ihrem Herrn. Aber sollte diese beneidenswerte Glaubensgewißheit und Freude irgendwie in einem Zusammenhang mit der Haltung zur Bibel stehen? Der Besuch in diesem College machte mich sehr nachdenklich.

Im »dritten Akt« begann das »Drama« sich langsam zuzuspitzen

Mein Weg führte mich in eine Mitarbeiterkonferenz eines bekannten christlichen Werkes, das auf sozialem und gesellschaftlichem Gebiet Großartiges leistet, aber dafür sein Christentum fast ganz verleugnet. »Wir wollen keine Mitglieder verlieren«, hieß es, wenn ich fragte, warum sie z. B. gar keine Bibelstunden auf dem Programm haben. Wenn ich diese Begründung dann in Frage stellte, verwies man mich auf die benötigten Mitgliedsbeiträge und Kollekteneinnahmen, ohne welche man dies großartige Programm nicht bieten könnte. Ich konterte – es war ja erst sechs Jahre nach dem Krieg – mit dem Blick auf unsere zerstörten Städte in Deutschland und fragte, ob es nicht wichtigere Ziele gäbe als bloß materieller Wohlstand, der doch so leicht vergehe, und dies um so mehr für ein christliches Werk. Antwort: »Typisch deutsch, immer dieses grundsätzliche Fragen!« Ich ließ nicht locker und fragte, ob denn für ein christliches Werk nicht der Missionsbefehl Jesu oberstes Gebot sein sollte. Da erhielt ich die verblüffende Antwort: »Junger Freund, Sie müssen die Bibel nicht so wörtlich nehmen!« Fast hätte ich darauf geantwortet: »Keine Sorge, ich nehme die Bibel ja gar nicht so wörtlich!« – aber . . . da blieb mir das Wort im Munde stecken.

Mir war, als ob ich plötzlich in einen Spiegel schaute: Das bin ja ich! Das sind ja meine eigenen Worte, wie ich sie gerade den evangelikalen Studenten hochmütig entgegengehalten hatte. Das warf mich um. Und dann diese furchtbare Oberflächlichkeit meiner Gesprächspartner, dieser pure Materialismus von sogenannten »Christen« – steht dies etwa in einem inneren Zusammenhang mit ihrer inkonsequenten Haltung zur Bibel? Ich will damit keinesfalls sagen, daß Menschen, die die Bibel nicht als Gottes Wort akzeptieren, zwangsläufig oberflächlich und materialistisch seien. Durchaus nicht. Aber ich meinte hier zu erkennen, auf welche Irrwege man geraten kann, wenn man sich als Christ nicht am Worte Gottes orientiert. Mir wurde immer deutlicher, daß ich offenbar meine Haltung zur Bibel zu revidieren hätte.

So kam es zum »vierten Akt«, dem Akt der Entscheidung

Ich besichtigte ein großes Konferenzzentrum, in dem »zufällig« gerade eine Jugendevangelisation durchgeführt wurde. Da ich an dem Tage weiter nichts vorhatte, setzte ich mich einfach ganz hinten in den Versammlungsraum. Die Predigt des Evangelisten war aber so packend und die Akustik hinten so schlecht, daß ich mich zur Abendversammlung vorn in die fünfte Reihe setzte.

Wieder sprach mich der Evangelist stark an. So hatte ich das Wort Gottes noch nie vernommen. Es war ein geistlicher Höhepunkt, und ich war zutiefst aufgewühlt in meinem Herzen. Aber da geschah es: Am Ende der Versammlung gab der Evangelist die Einladung, nach vorn zu kommen und das Leben Jesus zu übergeben bzw. erneut zur vertieften Hingabe auszuliefern. Zuerst wollte ich auch gehen. Schließlich war ich bei meiner Konfirmation ja auch nach vorn gegangen, sogar namentlich aufgerufen. Aber . . . aus meiner Reihe ging gerade keiner, und es war mir peinlich, mich nun an allen anderen vorbeidrängeln zu müssen. Also blieb ich stehen und sprach mit Gott im stillen.

Aber der Evangelist gab keine Ruhe: Immer wieder rief und mahnte er, doch jetzt zu Jesus zu kommen, denn morgen könnte es zu spät sein usw. Es wurde für mich unerträglich. Warum bin ich nicht in der letzten Reihe sitzengeblieben, wie am Nachmittag. Dann könnte ich jetzt den Saal verlassen. Aber so saß ich wie festgenagelt mittendrin. Merkwürdig, warum der Evangelist am Nachmittag keine Einladung gegeben hatte. Ich schwor mir, nie wieder solch eine Versammlung zu besuchen.

Schließlich war sie zu Ende, und ich drängte zum Ausgang. Da packt mich doch draußen ein junger Mann am Arm und fragt mich, ob ich nicht Peter Schneider aus Deutschland sei. Er meint, mich irgendwo schon einmal über Berlin reden gehört zu haben. Als ich es bejahe, fragt er rund heraus: »Bist du gerettet?« Mir verschlägt es fast die Sprache. Wenn ich das wüßte! Das ist ja gerade meine Frage! Aber ich kann vor ihm doch nicht zugeben, daß ich das nicht weiß. Schließlich bin ich doch ein evangelischer Jugendleiter. Ich antworte zögernd: »Ja, doch, doch . . .« Aber der Junge fragt wieder: »Bist du auch gewiß?« Daraufhin hole ich tief Luft, lege gönnerhaft meinen Arm um seine Schultern und sage verständnisvoll: »Ich weiß, du meinst es gut, aber so kann man nicht fragen.« Und dann hole ich alle meine psychologischen und theologischen Kenntnisse zusammen, spreche von Emotionalismus und Methodismus und versuche, ihm klar zu machen, daß es so eben nicht gehe. Schließlich erwidert er nichts mehr, und ich gehe in mein Zimmer zur Nachtruhe.

Aber ich konnte nicht schlafen! War das vielleicht die

Antwort auf mein Gebet »Herr, gib mir Gewißheit«? Ich war mir klar, daß ich noch kein richtiger Christ war. Ich wollte doch sogar nach vorne gehen, war nur zu feige dazu. Und nun belog ich ihn sogar, als er die ungeklärte Frage meines Lebens anschnitt. Woher wußte er das eigentlich? Merkwürdiger »Zufall«! Ob vielleicht Gott mit mir durch die Menschen reden wollte? Ich konnte mich auch nicht herausreden und sagen, der Nachbar oder dieser oder jener wären gemeint. Er hatte mich bei meinem Namen gerufen, mitten in Amerika, und mir mein Problem vorgehalten!

Wenn mich jemand bei meiner Ankunft in New York so gefragt hätte, ich hätte ihn nicht einmal sprachlich verstanden. Aber jetzt nach vier Monaten Amerika-Aufenthalt verstand ich Englisch gut genug, und ich war auch durch die vorausgegangenen »Akte« dieses Dramas gut vorbereitet auf eine solche Frage. Seltsam. Wie, wenn nun wirklich Gott auf mein Gebet antworten wollte? Dürfte ich ihn dann abweisen? Würde er mir dann später nicht immer wieder vorhalten: »Ich habe dir ja geantwortet, aber du hast nicht hören wollen!«?

Aber warum wußte ich denn nicht, ob ich gerettet bin, ob ich »das Leben« habe? Nacheinander fielen mir all die Bibelstellen ein, die ich mittlerweile kennengelernt hatte: »Solches habe ich euch geschrieben, die ihr glaubet, auf daß ihr wisset, daß ihr das Leben habt« (1 Joh 5,13) und »Wer den Sohn hat, hat das Leben« (1 Joh 5,12) und »Wer mein Wort hört und glaubt . . ., der hat das ewige Leben« (Joh 5,24) und viele andere. Warum wußte ich es nicht? Weil ich die Bibel nicht kannte. Und warum kannte ich sie nicht? Weil ich sie nicht gründlich genug las. Ich meinte ja, nicht glauben zu können, was darin geschrieben steht.

Nun wurde mir ganz deutlich: Mit der Bibel steht und fällt mein lebendiger, heilsgewisser, fröhlicher Glaube an Jesus. Sie ist die Grundlage. Vertraue ich ihrem Wort, d. h. also Gottes Wort, dann erkenne ich, was ich an Jesus habe und was er für mich getan hat. Dann darf ich wissen, weil Gott es mir in seinem Wort zusagt, daß mir meine Sünden vergeben sind, daß ich sein Kind bin, daß ich das ewige Leben habe und daß er mich zum Ziel bringen wird. Vertraue ich der Bibel aber nicht, dann habe ich nichts, gar nichts, an das ich mich halten kann.

Da erhob ich mich von meinem Bett, ging auf meine Knie und übergab mein Leben Jesus, mit vollem Bewußtsein, und dankte ihm – im Vertrauen auf sein Wort – für alles, was er für mich getan hatte und dessen ich nun gewiß sein durfte.

In diesem Augenblick begann der »fünfte Akt«, der noch anhält

Ich wurde mit einem Frieden erfüllt und mit einer Freude, wie ich sie bislang nicht gekannt hatte. Jetzt wußte ich, wohin ich gehöre, *wem* ich gehöre und woran ich mich halten kann im Leben und im Sterben – an Gottes Wort! Jetzt hatte ich etwas zu sagen als evangelischer Jugendleiter, ich hatte eine Botschaft, die rettet und neu macht, einen Boden, der trägt, und ein Ziel, für das zu leben und sterben sich lohnt: Jesus Christus, den auferstandenen und wiederkommenden Herrn!

Werner Schröder

Geboren am 15. 9. 1924 – von 1942 – 1945 Soldat – kriegsbeschädigt – von 1956–1965 Pastor in Lilienthal b. Bremen – von 1965–1976 Pastor und Superintendent des Kirchenkreises Wesermünde Süd Loxstedt b. Bremerhaven – von 1973–1976 Mitglied der Landessynode – ab 1973 Mitglied bzw. stellvertretendes Mitglied der EKD-Synode – ab 1. 12. 1976 Landessuperintendent des Sprengels Ostfriesland – ab 1978 Vorsitzender der Regionalen Arbeitsgemeinschaft Nord-West der Deutschen Bibelgesellschaft.

So fanden wir uns

Wie haben wir uns gefunden, die Bibel und ich? Diese Frage kann ich nicht spontan beantworten, indem ich auf ein ähnliches Ereignis hinweise, wie es uns von Augustin berichtet wird. Er hörte eine Kinderstimme: »*Tolle lege* – nimm und lies.« Diese Stimme hielt er für eine göttliche, für einen Befehl, die Bibel aufzuschlagen. So schlägt er Römer 13,13 auf: »Lasset uns ehrbar wandeln als am Tage, nicht in Fressen oder Saufen, nicht in Wollust und Unzucht, nicht in Hader und Neid.« Dieses Wort trifft ihn, und er wird ein Christ. So begann der Christenweg eines unserer größten Kirchenväter. Wie ist das eigentlich bei mir?

Kürzlich berichtete mir eine Mitarbeiterin über ihre Tätigkeit in Seminaren zum Thema »Bibel-Meditation«. Sie hat zwei wichtige Erfahrungen gemacht: »Ich habe den Inhalt der Bibel erst richtig verstanden, seitdem ich ihn Seminarteilnehmern weitergeben muß. Zum anderen erfuhr ich, daß ich nur die biblischen Aussagen und Erfahrungen weitergeben kann, die mich selber ansprechen und betreffen.«

In diesem Gespräch ist mir deutlich geworden: so ist es mir auch gegangen, so geht es mir auch. In der Predigtvorbereitung erschließt sich mir die Heilige Schrift als eine frohe Botschaft für mich. Indem ich mich mit den Hilfsmitteln und Methoden der Auslegung, die ich im Studium gelernt habe, um das Verständnis des Textes bemühe, öffnet er sich mir, nimmt mich ein für die Botschaft Jesu Christi. Nur als einer, der selber von Gottes Wort betroffen ist, kann ich es weitersagen und verkündigen. Nur als einer, der durch Gottes Wort getröstet ist, kann ich andere mit diesem Worte trösten. Dieser Sachverhalt wird mit Entschiedenheit von unserem Reformator Martin Luther unterstrichen und ist mit vielen Zitaten zu belegen.

Ich bin immer wieder angewiesen auf die Ansprache durch das Wort Gottes, ich brauche die Gewißheit, die das Wort alleine gibt, immer wieder neu: die Zusage der Liebe Gottes.

Deswegen möchte ich das Finden des Wortes beschreiben als ein immer wieder neues Gefundenwerden durch das Wort.

Es wird oft gesagt, die Christen seien die einzige Bibel, die der moderne Mensch lese und verstehe. Durch das Reden und Handeln der Christen wird anderen die Botschaft von der Liebe Gottes bezeugt und vermittelt. Auch das erfahre ich in Begegnungen und Gesprächen mit Christen. Ich möchte von zwei Menschen erzählen, durch die ich die Botschaft der Bibel beeindruckend erfahren habe.

Zuerst erzähle ich von einem Mann, dem ich niemals persönlich begegnet bin. Ich sah sein Bild zuerst in der Sakristei meiner Kirche, in die ich als Pastor berufen worden war. Er war einer meiner Vorgänger. Schon bald erfuhr ich von ihm in Gesprächen mit Gemeindegliedern. Mit seinen Konfirmanden hatte er es nicht leicht. Sie erkannten sehr bald seine Gutmütigkeit, seine Sehschwäche und nützten sie aus. Sie erzählten von ihren Streichen im Unterricht, wie er sich hinters Licht führen ließ. Aber seltsam, sie erzählten das alles nicht als Überlegene, sondern eher mit Erstaunen und Verwunderung, als wollten sie sagen, er war ein seltsamer Mann, gar nicht wie die anderen. Er paßte nicht in diese Welt und in ihre Vorstellungen vom Menschen. Er war manchmal hilflos und traurig über die Streiche der Konfirmanden, aber niemals verbittert und böse.

Auch in der Gemeindearbeit fiel er auf. Er besuchte seine Gemeindeglieder nicht nur aus besonderem Anlaß. Oft war er spät abends noch unterwegs, und manchmal wurde ihm bedeutet, daß sein Besuch zu der Zeit ungelegen sei. Dann ging er auch wieder. Mein Freund berichtete mir von ihm, er habe seine Eltern abends besuchen wollen, als sie schon ins Bett gegangen waren. Er klopfte ans Fenster und antwortete auf die Frage, wer dort sei: »Ich bin es, der Pastor. Ich wollte Sie nur bitten: Halten Sie Hausandachten.« Mein Freund erzählt, dieses kleine Ereignis habe seine Eltern und auch die Familie so stark beeindruckt, daß sie dem Wunsche ihres Pastoren entsprochen hätten und im täglichen Umgang mit dem Worte Gottes seither oft beschenkt worden seien.

Im Vergleich mit den anderen Pastoren, mit seinen Vorgängern und mit denen, die auf ihn folgten, ragt er in keiner Weise hervor. Er hat weder Gemeinderäume gebaut, noch hat er ein besonderes Geschick in Verhandlungen mit Behörden oder in der Verwaltung gezeigt. Gemeindeglieder waren darüber unzufrieden, daß er sich nicht durchsetzen konnte. Dennoch lebt er in meiner Erinnerung am lebendigsten. Mein Interesse an ihm wuchs. Ich habe mich bei Gemeindegliedern immer wieder nach ihm und seiner Arbeit erkundigt. Was faszinierte mich an diesem Mann? Ich glaube, es war dieses: Sein Leben spiegelte etwas wider von dem Herrn, in dessen Dienst er stand. Vielleicht ist es wichtig zu erwähnen, daß er zur Zeit des Nationalsozialismus sein Amt ausübte. In einer Zeit, in der die Kirche verfolgt, die Botschaft der Bibel verfälscht wurde. Er ermutigte seine Gemeindeglieder, beim Wort zu bleiben, er richtete in den Gemeindebezirken Bibelstunden ein und verstärkte die Arbeit mit der Bibel. Er traute der einzigen Waffe, die wir gegen allen Irrglauben, gegen alle Anfeindung haben, dem Worte Gottes, und er vertraute sich selber ihm an. Luther sagt: »Gott wirkt mit seinem Wort mehr, als wenn du und ich alle Gewalt auf einen Haufen zusammenbrächten.« Darauf hat er vertraut.

Wenn ich an ihn denke, dann fällt mir der Apostel Paulus ein, der an die Korinther schreibt: »Wir haben allenthalben Trübsal, aber wir ängsten uns nicht. Uns ist bange, aber wir verzagen nicht. Wir leiden Verfolgung, aber wir werden nicht verlassen. Wir werden unterdrückt, aber wir kommen nicht um und tragen allezeit das Sterben Jesu Christi an unserem Leibe« (2 Kor 4,8–10). Ich verstehe den Apostel nun besser und begreife, daß seine Worte sich in unserem Leben ereignen. Wir können uns diesem Worte anvertrauen. Ich bin dessen gewisser geworden, was mir in der Taufe zugesagt worden ist, was ich gelernt habe, und glaube, daß Gott in seinem Wort zu uns kommt und uns selber auf den Weg zu anderen Menschen bringt.

Gott braucht Menschen, um sein Wort weiterzutragen. Sein Wirken ist konkret, anschaulich, niemals abstrakt und philosophisch. Das läßt er uns erfahren, und das ist beglückend. Diese Erfahrung bringt uns in Bewegung. Sosehr sie unser Handeln bestimmt, sosehr sind wir darauf angewiesen, sie immer neu zu machen. Den Glauben kann man nicht aus Flaschen ziehen. »Das Wort Gottes ist eine Speise, wer sie isset, den hungert noch mehr danach. Deshalb soll das Wort Gottes reichlich unter uns sein; aber wir sollen derselben nicht satt werden«, so sagt Luther.

Der andere, von dem ich erzählen will: Ato Emmanuel Abraham, ehemaliger Diplomat und Minister in Äthiopien, Präsident der Mekane-Yesus-Kirche, er war mit vielen anderen durch die Militärregierung in Äthiopien ins Gefängnis geworfen worden. Er sitzt auf seinem Schlafplatz und liest die Bibel. »Die Beschäftigung mit diesem Buch gibt ihm Ruhe, Gelassenheit und eine erstaunliche Kraft. Das merkt er jetzt im Gefängnis wieder, und das merken auch die anderen. Sie erleben, daß dieser Mann trotz der sie alle bedrückenden Lage und Ungewißheit stets ausgeglichen und gefaßt ist. Offensichtlich lebt er aus einer Quelle, die ihnen nicht vertraut ist«, so berichtet uns Johannes Launhard in seinem Büchlein »Ato Emmanuel Abraham, Christus-Zeuge in Äthiopien«. Die Mitgefangenen bitten Emmanuel, ihnen aus der Bibel vorzulesen. Jeden Tag liest er ihnen nun aus dem Lukasevangelium vor. Im Gefängnis entsteht eine kleine Gemeinde, die Gott hört und zu Gott betet.

Vor einigen Jahren begegnete ich ihm in Hannover. Das Gespräch mit ihm, dem Präsidenten einer verfolgten Kirche, vermittelte etwas von seinem Vertrauen zu dem Herrn der Kirche und dessen Wort. Es ist lebendig, bewährt sich im Leben und gibt uns viel Kraft.

Durch diese Begegnung begreife ich, daß unsere Schwestern und Brüder in der verfolgten Kirche in Äthiopien nicht alleine sind. In seinem Worte ist der Herr bei ihnen. Und so ist es nicht nur in Äthiopien, so ist es auch überall in der Welt, wo Christen leiden, unterdrückt werden und in Gefängnissen sitzen.

Unsere Fürbitte erreicht den, der bei ihnen ist und ihnen die Furcht nimmt. Und wieder werden mir die Berichte aus der Bibel gegenwärtig und mit unserem Leben gleichzeitig. Die Berichte über Inhaftierung und Gefangenschaft der Apostel, über die Leiden und Verfolgungen der Propheten im Alten Testament.

Dieser Bericht steht unter der Überschrift »So fanden wir uns« – die Bibel und der Verfasser dieser Zeilen. Habe ich das Thema genügend beachtet, habe ich es verfehlt?

Sicher hat jeder seine eigenen Erlebnisse mit der Heiligen Schrift. Das Finden erlebe ich immer wieder als ein Gefundenwerden. Gottes Wort holt mich ein, auf ganz verschiedenen Wegen: in meiner Arbeit mit den Texten für die Predigt, in Begegnungen mit Menschen. Er führt mich vom »Haben« zum »Halten« des Wortes, zum Tun, zum Leben mit dem Worte. Es befreit mich zum Reden, zum Vertrauen auf Gott. Es weckt in mir Hoffnung für diese Welt, für die Menschen. Die Erfahrungen mit Gottes Wort in seiner Gemeinde bestimmen mein Denken und Glauben. Der Weg mit dem Worte läßt mich immer besser verstehen, welch einen Schatz wir in der Bibel haben, auf den wir ganz und gar angewiesen sind.

So wie Gottes Wort mich einmal gefunden hat, so will es mich immer wieder finden, mir Gewißheit geben in meinem Reden und Tun. Diese Zusage macht uns Christen froh.

Mein Verständnis des Wortes Gottes ist in besonderer Weise geprägt durch die Theologie Martin Luthers. Durch ihn habe ich gelernt, daß unser Glaube allein auf diesem Worte steht. In der Tat, er hat mich das Wort gelehrt. Ihm verdanke ich viel. Deswegen schließe ich mit einem Wort von ihm, und zwar mit den letzten Aufzeichnungen von seiner Hand, und mache sie mir zu eigen: »Vergil in seinem Bucolica und Georgica kann niemand verstehen, wenn er nicht für fünf Jahre Hirte oder Bauer gewesen ist. Cicero in seinen Briefen (so lerne ich) kann niemand verstehen, wenn er nicht vierzig Jahre in einem hervorragenden Staatswesen tätig gewesen ist. Die Heilige Schrift meine niemand genug geschmeckt zu haben, wenn er nicht hundert Jahre mit den Propheten die Kirche regiert hat.

Deshalb ist es ein ungeheures Wunder erstens mit Johannes dem Täufer, zweitens mit Christus, drittens mit den Aposteln. Du versuche diese göttliche Aeneis nicht zu erforschen, sondern bete gebeugt ihre Spuren an. Wir sind Bettler, das ist wahr.«

Robert Steiner

Geboren 1901 in Eiserfeld (Sieg) – Studium der Theologie in Tübingen, Bethel und Bonn – Stipendium der Kirche von Schottland zum Studium in Edinburgh 1927–1928 – Vikar und Hilfsprediger in Elberfeld, Wickrathberg und Neuß – Pfarrer in Leun (Lahn) – von 1937–1970 Pfarrer in der Reformierten Gemeinde in Barmen-Gemarke – im Kriege Sanitätssoldat. Mitglied des Moderamens des Reformierten Bundes von 1936 bis 1954 – Mitglied des Exekutiv-Komitees des Reformierten Weltbundes von 1948–1954 – Vorsitzender der Bergischen Bibelgesellschaft von 1946–1970 – Mitglied des Vorstandes des Verbandes der Evangelischen Bibelgesellschaften in Deutschland von 1946–1976 – Vorsitzender des Evangelischen Bibelwerks in Deutschland 1954–1962 – Mitglied des Vorstandes des Weltbundes der Bibelgesellschaften 1954–1960 – seit 1970 im Ruhestand – ausgezeichnet mit der Cansteinmedaille – Doktor der Theologie e. h. der Ev.-theologischen Fakultät der Universität Bonn am 20. Januar 1982.
Verstorben Anfang August 1982.

Die Bibel und ich

Wenn ich von der Bedeutung der Bibel in meinem Leben berichten soll, dann muß ich bei meinem Vater anfangen. Als ich noch ein kleiner Junge war, erlebte ich, wie mein Vater fast jede freie Stunde vor seiner Bibel saß und sich mit ihr beschäftigte. Er zog Auslegungen zu Rate, um das Wort Gottes besser verstehen zu lernen. Nach jeder Mahlzeit wurde morgens und mittags ein Abschnitt der Bibel fortlaufend für die ganze Familie gelesen (abends war das Blatt des Neukirchener Kalenders an der Reihe). Wenn wir beim letzten Kapitel der Offenbarung angelangt waren, dann wurde am nächsten Tag wieder beim ersten Kapitel des ersten Buches Mose angefangen. Vom Anfang meines Lebens an stand für mich fest, daß in diesem Buch Gott selbst zu mir spricht. Dabei bin ich auch geblieben, als ich nachdenken lernte und mir Gedanken über den Inhalt der Bibel machte.

Mein Vater nahm mich jeden Sonntagabend in die Gemeinschaftsstunde mit. Dort hörte ich die Auslegung eines biblischen Abschnitts aus dem Mund der Väter – einfache Männer, die jedoch für mich Autoritäten waren. Mein Vater beteiligte sich an diesen Auslegungen. Auf dem Weg nach Hause sprachen diese Männer sehr oft noch weiter über das Wort, das ihnen wichtig geworden war. Ich beschäftigte mich oft noch lange mit dem Gehörten in nächtlichen Stunden. Ich hörte damals schon kritisch. Stimmte das alles so, wie es diese Väter meinten verstehen zu müssen? Wenn ich meinem Vater von meinen Fragen und Bedenken erzählte, kam es oft vor, daß er sie teilte. Meine Bedenken bezogen sich nicht auf das Wort der Bibel, sondern auf seine Auslegung. Ich habe dann später selbst die Bibel aufgeschlagen und gelesen und über das Gelesene nachgedacht. Auch in der Sonntagsschule lernte ich die biblischen Geschichten kennen und lieben. Kindergottesdienst gab es in unserer Gemeinde nicht. Als ich älter wurde und regelmäßig sonntags am Gottesdienst teilnahm, hat mich das Wort, über das gepredigt wurde, meist nach dem Gottesdienst noch weiter beschäftigt. Es ließ mich nicht los.

In der Volksschule und auf dem Realgymnasium habe ich im Religionsunterricht viel gelernt, aber wenig von dem, was in der Bibel steht. Nach der Konfirmation war ich im Männer- und Jünglingsverein (so nannte sich dieser Verein damals noch). In den Vereinsstunden stand das Wort Gottes im Mittelpunkt. Jetzt wurde es für mich zum Richter; ich erkannte die Sünde in meinem Leben. In jüngeren Jahren hatte mein Vater mir schon deutlich gemacht, daß – um nur eines zu nennen – Unwahrhaftigkeit Sünde ist. Aber ich hatte das damals noch nicht so ernst genommen. Jetzt merkte ich, daß Gott mich ernst nimmt und nicht will, daß ich Wege gehe und mich mit Gedanken beschäftige, die ihm nicht gefallen. Ich lernte jedoch auch, was die Gnade Gottes für mich bedeutete. Das Wort der Bibel wurde mir wichtig, weil ich mehr von den Wundern der Gnade Gottes erfahren wollte. Im Jünglingsverein galt Psalm 119,9 als Losung: »Wie wird ein junger Mann seinen Weg unsträflich gehen? Wenn er sich hält an deine Worte.« Das hat sich mir in den Kämpfen dieser Jahre tief eingeprägt. Ich muß mich an das Wort halten, dann werde ich in allen Versuchungen und Anfechtungen von dem Herrn meines Lebens gehalten.

Daß ich Theologie studierte, war die Folge der Macht, die das Wort über mich gewonnen hatte. Dafür mußte ich die Grundsprachen der Bibel, Hebräisch und Griechisch, lernen, und ich bin sehr dankbar, daß ich sie gelernt habe und bis heute die Bibel in ihnen lesen kann. (Wer diese Sprachen nicht gelernt hat, braucht deshalb nicht bekümmert zu sein. Denn wir haben so viele und so gute Übersetzungen der Bibel, daß jeder, der die Bibel in seiner Sprache liest, auch glauben und erkennen kann, daß Jesus Christus, der Sohn Gottes, der Weg, die Wahrheit und das Leben ist und daß wir nur durch ihn zu Gott, dem Vater, kommen.) Die Kenntnis der Grundsprachen vermittelt mir manche Klarheit über das Wort, die mir sonst wahrscheinlich nicht aufgeleuchtet wäre.

In Tübingen habe ich während meines Studiums Professor Adolf Schlatter gehört. Er war schwer zu verstehen, da er beim Sprechen nicht verleugnen konnte, daß er Schweizer war. Eines jedoch ist mir mein ganzes Leben hindurch wichtig geblieben. Schlatter betonte immer wieder, daß es zuerst und vor allem darauf ankomme, zu sehen, was in der Bibel steht. Er nannte das den Seh-Akt. Wir sind immer leicht geneigt, unsere

Meinung in die Bibel hineinzutragen. Sie soll dann dazu dienen, unserem Leben und Handeln recht zu geben. Es geht aber nicht um die Bestätigung unserer Meinung, auch nicht unserer frommen Meinung, sondern darum, daß wir zunächst genau hinsehen, was da geschrieben steht und was dieses Wort mir jetzt zu sagen hat. Nach diesem Wort habe ich mich zu richten, auch wenn es mir nicht gefällt. Nach dem zweiten Semester in Tübingen machte ich mit einigen anderen Studenten eine Wanderung in den Schwarzwald. Wir kamen auch in die Buchhandlung der Liebenzeller Mission in Liebenzell. Dort entdeckte ich ein ganz einfaches, kleines Bibelleseheft. Damit konnte man die Bibel in drei Jahren ganz durchlesen, ohne auch nur einen einzigen Vers auszulassen. Ich habe dieses Heftchen während meines Studiums gebraucht und es so gemacht, daß ich morgens die für das erste Jahr angegebenen Texte las, mittags die für das zweite Jahr und abends die für das dritte Jahr. So hatte ich eine gute Anleitung, die ganze Bibel in einem Jahr einmal durchzulesen und sie immer besser kennenzulernen. Niemand zwang mich dazu, es so zu machen, aber es machte mir Freude, auf diese Weise mit dem ganzen Inhalt der Bibel immer mehr vertraut zu werden. Das ist mir in meinem Dienst am Wort von großem Nutzen gewesen.

Ich habe in meinem Studium auch Vorlesungen gehört, in denen der Text der Bibel kritisch untersucht wurde. Solche Untersuchungen können dazu dienen, das Wort der Bibel noch mehr zu erhellen, besonders wenn man erkennt, in welcher Zeit Gott ein Wort zu den Menschen gesprochen hat. Die kritische Beschäftigung mit der Bibel hat nicht dazu gedient, mir die Gewißheit zu nehmen, daß das Wort der Bibel Gottes Wort ist und bleibt. Es bleibt das Wort, das mich richtet und mir die Gnade Gottes zusagt.

Als ich mit dem Studium fertig war, die theologischen Prüfungen abgelegt hatte und ordiniert worden war, war ich minister verbi Divini, das heißt »Diener am Wort Gottes«, wie wir in reformierten Gemeinden zu sagen pflegten. Das wollte ich sein, nichts anderes, nur Diener des Wortes, das Gott uns in seinem Sohn gegeben hat. In den beiden Gemeinden, in denen ich meinen Dienst getan habe, in Leun und Barmen-Gemarke, kam es mir vor allem darauf an, die Gemeinde mit dem Wort Gottes bekannt zu machen. Ich wollte das Wort auslegen, und zwar so, daß es wie ein heller Scheinwerfer in das Leben der Gemeindeglieder hineinleuchtet. Ich wollte die Gemeinde auch mit den Teilen der Bibel bekannt machen, die meist weniger Aufmerksamkeit finden. Ich habe deshalb ganze Bücher der Bibel im Gottesdienst ausgelegt, zum Beispiel das Matthäus-Evangelium oder die Offenbarung des Johannes oder das Buch des Predigers oder den zweiten Teil des Buches Jesaja und andere Bücher und Abschnitte der Bibel. Dasselbe galt natürlich für die Bibelstunde, die zur Einführung in die Heilige Schrift dienen sollte. Ich wollte die Gemeindeglieder anleiten, zu sehen, was da geschrieben steht. Sie sollten dadurch lernen, selbständig mit ihrer Bibel umzugehen.

Auch im Konfirmandenunterricht stand die Einführung in das Wort Gottes an erster Stelle. Ich hatte selbst Freude daran, viel auswendig zu lernen. (Die Engländer drücken »auswendiglernen« in ihrer Sprache viel schöner aus. Sie sagen: to learn by heart, mit dem Herzen lernen.) So sollten wir es auch verstehen. Wer viele Bibelstellen mit dem Herzen gelernt hat, besitzt einen reichen Schatz, der ihm nicht genommen werden kann.

Wie gut es ist, viele Stellen der Bibel auswendig zu kennen, habe ich oft erfahren. Ich will hier nur von zwei Erfahrungen berichten. Während des Kirchenkampfes wurde ich im Jahre 1937 von der Geheimen Staatspolizei verhaftet und nach Berlin in das Gefängnis der Staatspolizei am Alexanderplatz gebracht. Dort wurde mir alles, was ich bei mir hatte, abgenommen. (Bei der Entlassung erhielt ich alles zurück.) Auch meine Bibel mußte ich abgeben. Meine inständige Bitte, mir diese doch wenigstens zu lassen, fand kein Gehör. Da saß ich dann in einer verwahrlosten, grausigen Zelle, wie man sie sich heute kaum noch vorstellen kann, und hatte nichts, womit ich mich beschäftigen konnte. Aber ich hatte viele Bibelstellen im Kopf, besser gesagt: im Herzen, an die ich mich erinnerte. Ich sagte sie mir auf und freute mich über das Wort, das mir in dieser Weise gegenwärtig war. In dieser Zeit jedoch geschah noch etwas. In einer Ecke der Zelle lag etwas Zeitungspapier, das zurechtgeschnitten war, um nach dem Verrichten der Notdurft gebraucht zu werden. Aus Langeweile sah ich mir einmal den Haufen Papier genauer an und ließ ihn durch meine Finger gleiten. Und plötzlich entdeckte ich unter diesem zurechtgeschnittenen Papier ein unzerschnittenes Blatt. Ich nahm es heraus und hielt eine vierseitige Sonntagspredigt in der Hand, die damals in Berlin gedruckt und an Taxifahrer, Straßenbahnschaffner und andere Leute verteilt wurde, die sonntags nicht in die Kirche gehen konnten. Da gab es in diesem schrecklichen und verrufenen Gefängnis also einen Kalfaktor, der das Papier zurechtschneiden und in die Zellen bringen mußte und der dabei eine Predigt in die Zellen schmuggelte. Der Text der Predigt, die ich nun lesen konnte, traf genau meine eigene Situation: »Wer mich bekennt vor den Menschen, den will auch ich bekennen vor meinem himmlischen Vater. Wer mich aber verleugnet vor den Menschen, den will auch ich verleugnen vor meinem himmlischen Vater« (Mt 10,32 f). Es läßt sich kaum beschreiben, was dieses Wort damals in dieser Lage für mich bedeutet hat. Ich konnte nur danken und immer aufs neue danken, daß Gott es so gelenkt hatte, daß jenes Blatt gerade in die Zelle gekommen war, in der ich sitzen mußte. In dieser Stunde habe ich erfahren, was Trost aus dem Wort Gottes ist: Aufrichtung, Stärkung und Erquickung. Ich wußte nicht, wie es mir ergehen und welches Urteil über mich gesprochen würde. Das trat ganz zurück hinter der Gewißheit: Der Herr macht seine Verheißung wahr: »Ich bin bei euch alle Tage.«

Noch ein Erlebnis: Während des Krieges mußte ich 1943 noch Soldat werden und tat in einem Kriegslazarett im Osten Dienst. Um Weihnachten 1944 wurde ich sehr krank, mein Herz war den Anforderungen des Dienstes nicht mehr gewachsen. Ich lag als Kranker im Lazarett. Die Ärzte befürchteten, daß ich nicht durchkommen würde. Die körperliche Schwäche war so groß, daß ich nicht einmal mehr lesen konnte, die Augen fielen mir immer wieder zu. Aber mein Geist blieb wach. Da kamen mir die Worte der Bibel in den Sinn, die ich für mich aufsagte, als ob ich sie laut lesen würde. In diesen Tagen merkte ich, wie nahe Gott selbst mir war. So konnte ich ganz ruhig sein, auch als mein Wunsch nicht erfüllt wurde, in ein Lazarett in der Heimat verlegt zu werden. Die Russen rückten immer weiter vor. Die Gefangenschaft in Rußland drohte. Aber war der Herr nicht auch dort gegenwärtig? Konnte mir jemand sein Wort aus meinem Herzen reißen? Ich sah getrost den kommenden Ereignissen entgegen. Unsere Einheit setzte sich dann weiter nach dem Westen ab, so daß wir in amerikanische Kriegsgefangenschaft gerieten, aus der ich bald nach Hause entlassen wurde. Meine Bibel war während dieser ganzen Soldatenzeit mein treuer Begleiter geblieben.

Bald nach dem Krieg wurde mir außer der Arbeit in der Gemeinde eine Arbeit übertragen, die bis dahin nicht meine besondere Aufmerksamkeit gefunden hatte: die Übersetzung der Bibel in die Sprachen der Völker und ihre Verbreitung in der ganzen Welt. Genügte es, daß *ich* eine Bibel habe? Genügt es, daß die Menschen, die meine Sprache sprechen, sie lesen können, wenn sie es nur wollen? Haben nicht die Menschen in Asien, Afrika und Lateinamerika auch die Bibel in ihrer Sprache nötig? Wenn ich glaubensstärkende und erfreuliche Erfahrungen mit der Bibel gemacht habe, muß ich mich dann nicht dafür einsetzen, daß auch die Menschen, deren Sprache ich nicht kenne und die das Wort Gottes noch nicht in ihrer Hand haben, auch solche Erfahrungen machen? Daher ist es nötig, daß sie das Wort Gottes nicht nur hören, sondern auch selbst lesen können, damit ihnen aufgeht: Gott hat auch mich angenommen, er hat mir die Vergebung der Sünden und ein neues Leben geschenkt.

Wenn ich daher darüber nachdenke, was ich der Bibel verdanke, dann kann ich mich nicht damit begnügen, mich über das Wort zu freuen und dafür dankbar zu sein. Stellt uns der Herr, stellt uns sein Wort nicht in die Gemeinschaft mit all denen, die auch sein Wort lieb haben und auf sein Wiederkommen warten? Durch das Wort Gottes bin ich verbunden mit der großen Schar, die niemand zählen kann aus allen Nationen und Stämmen und Völkern und Sprachen (Offb 7,9), die alle Gott dafür danken und ihn preisen, daß er uns sein Wort durch seinen Sohn gegeben hat.

Volker Weidemann

Jahrgang 1924 – aufgewachsen in Kiel – von 1941–1946 Kriegsteilnehmer – Marine – ab 1947 Studium der Mathematik und Physik in Kiel und Freiburg – Studien und Lehraufenthalte an den kalifornischen Observatorien Mt. Wilson und Palomar und in Pasadena. Themen: Sternentwicklung, Weiße Energie, Neutronensterne, Schwarze Löcher (Endstadium der Sternentwicklung), Allgemeine Relativitätstheorie, Kosmologie, Philosophische Probleme der Raum-Zeit-Struktur. – Zehn Jahre in Braunschweig bei der Physikalisch-technischen Bundesanstalt – jetzt Professor für Astronomie und Physik an der Universität Kiel – Mitglied des »Braunschweiger Kreises«.

Denn Gott hat uns wissen lassen das Geheimnis seines Willens

Als ich nach vierjährigem Kriegsdienst 1946 von der Marine entlassen wurde, mußte ich das Abitur nachholen und dann wegen der Überfüllung der Universitäten noch anderthalb Jahre warten, bis ich Ende 1947 in Kiel zum Studium zugelassen wurde. Mit doppeltem Eifer widmete ich mich nun den gewählten Fächern, der Mathematik und Physik, und war stolz und beglückt über die Leistungen meines Verstandes. Trotz – oder gerade wegen – der äußerlichen Härten des Lebens – mit

Stromsperren, mageren Essensrationen und Kleidungsmangel – war ein großer geistiger Hunger da und Aufgeschlossenheit gegenüber Grundfragen des Lebens, die nach dem Zusammenbruch der nationalsozialistischen Ideologie neu gestellt wurden. Überall suchte man nach Wahrheit, und auch die Kirchen, soweit nicht zerstört, waren voll.

Eines Tages erfuhr ich von einer jungen Mitstudentin – auf die mein Auge gefallen war und mit der ich bei einem Fachschaftsfest getanzt hatte –, daß sie mit ihrer Freundin der Evangelischen Studentengemeinde (ESG) angehöre. Sie lud mich zu einer Freizeit ein, und ich sagte zu in der Hoffnung, dann mehr mit ihr zusammenzusein. Ich fühlte mich dann fast hintergangen, als ich hörte, daß sie gar nicht mitfahren würde. Nun aber blieb ich bei meiner Zusage und nahm mir vor – gerade weil mich meine Mitbewohner spöttisch fragten, ob ich nun fromm werden wolle –, die Freizeit aufgeschlossen mitzuerleben. Die Pfingsttage in Rickling bei strahlendem Wetter, die neuen Lieder, die Gespräche nach Bibelarbeiten und auf den Wanderungen klangen noch lange in mir nach, und ich ging eine Zeitlang sogar zu den Morgenandachten der ESG. Jedoch wurde dies Erlebnis bald wieder verdrängt: Ein Ernteeinsatz in der Schweiz, die Sommerferien und die Intensivierung meiner persönlichen Freundschaft zu jener Studentin traten in den Vordergrund. In Gesprächen mit ihr entwickelte ich meinen Standpunkt zu Fragen der Religion. Ich hielt es mit der Altersweisheit Goethes und mit Seneca, dessen stoische Philosophie mir angesichts der Übel dieser Welt das Richtige zu sein schien. Das Christentum bejahte ich als ethische Lehre, die das Volk nötig habe – so hatte ich es schon im Kriege, als ich mit einer Freundin im Briefwechsel stand, deren Familie aus der Kirche ausgetreten war, verteidigt. Schließlich entstammte meine Mutter ja auch einer Pastorenfamilie. Ich fühlte mich wenigstens über einen einfachen Glauben, wie er in der ESG Ausdruck fand, erhaben.

Im Dezember jenes Jahres, 1948, kam jedoch ein neues Erlebnis, das mich tiefer berührte. In einer Universitätsveranstaltungsreihe ging es an drei aufeinanderfolgenden Abenden um »Die Frage nach Gott« – wobei der damalige Rektor, der frühere Volksmissionar und Theologieprofessor D. Rendtorff mit einem juristischen Kollegen öffentlich disputierte. Der größte Hörsaal konnte die Studenten nicht fassen, über 1000 waren anwesend, und man saß auf den Stufen und Fensterbänken. Auch meine Kriegsfreundin – die nicht studierte – fand sich ein, und zu dritt folgten wir der spannungsgeladenen Auseinandersetzung. Die Persönlichkeit Prof. Rendtorffs und sein Christuszeugnis beeindruckten mich so, daß ich mich entschloß, an der ersten Versammlung eines neu entstehenden »Kleinkreises für Glaubensfragen« teilzunehmen, bei der es sich herausstellte, daß mehrere »Heiden« gewesen waren oder Agnostiker, und insoweit keine Glaubensvoraussetzungen gemacht wurden. Auf der anderen Seite wurden wir aber auch mit biblischer Argumentation konfrontiert. So begann ich in den Weihnachtsferien auf Sylt – wo meine ausgebombten Eltern wohnten – vor meinen Nachtspaziergängen in der Bibel zu lesen. Ich war nicht unbeeindruckt, aber dennoch beharrte ich in Gesprächen im Kleinkreis und mit meiner Freundin auf meinem alten Standpunkt: Gott – ja, aber Christus – das ist zu eng. Und Gott war nicht der Herr meines Verstandes, darin war ich autonom: »Mit Mathematik hat Gott nichts zu tun.« Ich suchte einmal in meinen Zweifeln den Studentenpfarrer Zahrnt auf, dessen kleines Büchlein »Der Mensch an der Grenze« mir weitergeholfen hatte: Gott erkennen wir nicht in der Natur, noch in der Geschichte – dort zeigt er einen Januskopf –, aber »wer mich sieht, der sieht den Vater« – das war die zentrale Aussage. Pfarrer Zahrnt beantwortete meine Fragen nicht direkt, sondern gab mir ein Zeugnis seiner eigenen Demütigung und Vergebung durch den Gekreuzigten – mit dem ich nicht viel anfangen konnte.

So gingen die Jahre dahin. Ich wechselte ein Semester nach Freiburg, kam zurück und verlobte mich mit der Kommilitonin. Ich nahm wieder an den öffentlichen Gesprächsabenden des Kleinkreises teil und erlebte manche frohe Gemeinschaft an

Sonntagnachmittagen und auf Freizeiten, gehörte aber nicht zu dem tragenden Kern, der sich inzwischen gebildet hatte. Der Kreis drehte sich in vielem um sich selbst, es ging vorwiegend um persönliche Heiligung, bis er schließlich durch das Lesen des Galaterbriefs aus seiner Gesetzlichkeit zu missionarischem Einsatz befreit wurde. Ich jedoch stand dabei ziemlich abseits.

Im Jahre 1951 dann begann ich meine Diplomarbeit in Mathematik. Ich schätzte meine Fähigkeiten hoch ein, hatte ich doch das Vordiplom mit »sehr gut« bestanden und an mehreren Oberseminaren teilgenommen. Jedoch geriet ich in eine Krise – es ging nicht, wie ich es erhofft hatte. Ich kam nicht voran. So entwich ich gern im Juli nach Berlin, wo der Kirchentag unter dem Motto »Wir sind doch Brüder« Ost- und Westdeutsche vereinte. Die große Schlußkundgebung im Olympiastadion, wo der Wind die Posaunenchoräle über hunderttausend verwehte, beeindruckte mich sehr. Dennoch spürte ich, daß ich kein Christ war, daß der Glaube fehlte.

Es kam der Herbst, zwei Mitglieder des Kreises suchten mich zu meinem Geburtstag überraschend in meinem Studentenzimmer auf, um mir den Gedichtband »Kyrie« von Jochen Klepper zu schenken. Daß man mir so nachging, erstaunte mich, und mein Herz erwärmte sich. Ein junges Mädchen, das zu unserem Kreis gestoßen war, weil sie vom Lande in einen Stadthaushalt gegangen war, gab uns – vom EC (Jugendbund für Entschiedenes Christentum) herkommend – neue Glaubensimpulse. Meine Verlobte und ich besuchten sie an ihrem Arbeitsplatz in einem Haus weit vor dem Stadtrand. Der schöne Herbsttag, das Gebet des Franziskus von Assisi an der Wand ihres Zimmers und ihre Freundlichkeit klangen in mir nach. Als ich sie bald darauf im Novembernebel nach einem Kreistreffen nach Haus begleitete – einer mußte das immer tun –, gab es noch eine ernste Aussprache vor der Pforte, die damit endigte, daß sie sagte: »Volker, Christus ist auch für dich gestorben.« Das mochte ich nicht hören, und auch gefiel mir nicht, daß sie mir beim nächsten Treffen ein Traktatbüchlein »Aufsehen auf Jesus« in die Hand drückte – es wanderte ungelesen in meine Schreibtischschublade.

Mit meiner Arbeit saß ich bald hoffnungslos fest. Meine Verlobte machte ihr Staatsexamen und verließ Kiel. So arbeitete ich noch mehr, oft bis spät in die Nacht, doch umsonst. Mein Professor gab mir noch zwei Wochen, sonst sollte ich ein neues Thema bekommen. Ich wanderte durch das mondbeschienene Ufergehölz, durch das ich schon im Kindergarten gezogen war, und setzte mich auf eine Bank. »Wie viele Jahre schon in diesem Wald? Was ist das Leben? Was soll es? Wie sollen wir leben? – Es ist alles nicht klar« – das steht in meinem Tagebuch vom 9. 12. 1951.

Und bald darauf: »Man zweifelt durch und durch.« Niedergeschlagen ging ich ins neue Jahr, und eines Tages war ich soweit herunter, daß ich abends nicht mehr arbeiten konnte. In meiner Verzweiflung las ich in der Bibel und in dem Traktatbüchlein, jedoch ohne daß ich die Worte aufnahm, bis ich darüber einschlief. Um zwei Uhr nachts wachte ich plötzlich auf mit einem neuen Gedanken, der mir zur Lösung meines mathematischen Problems zu führen schien. Erregt schaltete ich das Licht an und dachte die Konsequenzen durch – es trug, ich konnte es kaum glauben! Als auch mein Professor mir dies bestätigte, war ich voller Freude und Dankbarkeit. Ich konnte nicht anders und mußte Gott die Ehre geben – dies war nicht mein Verdienst. ER hatte mir weitergeholfen: Gott war der HERR auch meiner Mathematik! Nun las ich öfter vor dem Einschlafen in der Bibel, und es war nur ein paar Wochen später, als sich mir beim Lesen des 1. Kapitels des Epheserbriefes Christus in seiner Herrlichkeit offenbarte. Vers 9 und 10 waren die entscheidenden: Es war das Geheimnis des Willens Gottes, daß es ihm gefallen hatte, alles in Christus zusammenzufassen, als die Zeit erfüllt war – dies konnte ich nicht mehr hinterfragen. Und Erlösung, Vergebung, Reichtum an Herrlichkeit, seine Kraft und Stärke – das alles strahlte durch die Worte dieses Kapitels in mein Herz hinein: Ich war endlich Christ geworden!

Ich trat aus meinem Abseits heraus, schloß mich dem Mitarbeiter- und dem Gebetskreis an und erlebte Wunder über

Wunder der Gebetserhörung in der weiteren missionarischen Arbeit unter den Studenten, zwei Jahre lang, bis zu meiner Doktorprüfung und Hochzeit 1954.

Als ich dann meine Berufstätigkeit als junger Physiker an der PTB in Braunschweig aufnahm, war ich zunächst allein dort, meine Frau arbeitete in Schleswig-Holstein als Studienassessorin, und auch eine Neubauwohnung war erst für Ende 1955 in Aussicht. So ging ich wieder zur ESG, diesmal an der Technischen Hochschule, und stieß dort auf einen Bibelkreis, der sich gerade gebildet hatte und dem ich mich gern anschloß. Hier traf ich dann auch A. M. Klaus Müller und seinen Pädagogenfreund – und wie es weiterging, hat ja Klaus Müller in seinem Beitrag geschildert: Freizeiten in Bad Harzburg bei »Kinderheil«, Begegnung mit Herrn Konsistorialrat Winner und seiner lieben Frau, die uns für den Taschenbibelbund erwärmte, Gründung des »Braunschweiger Kreises«. Vermittelt durch Konsistorialrat Winner stellte uns Herr Brandhoff, ein aus Schlesien vertriebener Kaufmann, der die Kinderheil-Gottesdienste besuchte und dem Herrn dankbar war für einen guten Neubeginn, ein Grundstück in Nettlingen zur Verfügung und trat dem Braunschweiger Kreis bei, so daß wir gemeinsam von 1960–1964 ein Landhaus bauen konnten, das dazu dienen sollte, mit anderen »eine zweite Meile« zu gehen. Wenn wir dann auch bald über die ganze Bundesrepublik verstreut wurden – ich selbst wurde nach zwei USA-Aufenthalten, nach Lehrauftrag und Habilitation an der TH Braunschweig, 1965 als Astrophysiker an die Universität meiner Heimatstadt berufen –, so blieben wir über das zweimal jährliche Treffen in Nettlingen doch untereinander verbunden. Familien entstanden, neue kamen hinzu, und auch mit »Kinderheil« blieben wir in Kontakt. So erinnere ich mich an eine Evangelisation in Lehre, an der wir teilnahmen und bei der ich Kapitän Fuchida – den zum Evangelisten gewordenen Leiter des japanischen Angriffs auf Pearl Harbor – übersetzen durfte. Neben ihm stehend sah ich in seine japanische Bibel, in die er vieles an den Rand geschrieben hatte, und seine englischen Worte waren mir geistlich von meinem USA-Aufenthalt vertraut, weil wir auch dort den Reichtum seiner Herrlichkeit erlebt hatten.

Die Bibel – sie hat mich gefunden und ich sie. Ströme des Segens und der Sinnerfüllung hat sie in meinem Leben ausgelöst: »Herr, du bist mein Gott! Ich lobe deinen Namen, denn du tust Wunder!« (Jes 25,1).

Hänssler-Bücher:
Zielbewußt im Durcheinander unserer Zeit

Bestell-Nr. 70335
Vera Pierott
Antroposophie – eine Alternative?
TELOS-Tb., 256 S., DM 9,80

Aus dem Leben Rudolf Steiners ergibt sich eine Darstellung der Antroposophie. Die Vereinbarkeit antroposophischer und christlicher Grundpositionen wird kritisch geprüft.

Bestell-Nr. 70311
Margarethe Schneider, Hrsg.
Der Prediger von Buchenwald
TELOS-Tb., 252 S., DM 7,80

Paul Schneider ist eine der markantesten Märtyrergestalten der jüngeren deutschen Geschichte. Bis zum Tod im KZ Buchenwald leistete er dem NS-Regime entschlossenen Widerstand.

Bestell-Nr. 55001
Dietrich Bonhoeffer
Das Gebetbuch der Bibel
EDITION C – Tb., 48 Seiten, DM 3,80

Bonhoeffer haben die Psalmen viel bedeutet: Lebenswasser für Verdurstende und Kraft für Schwache. Sie sind es auch heute. Entdecken Sie diesen Reichtum selbst!

Zwei Geschenkbücher von Pfarrer Winrich Scheffbuch, die Freude bereiten:
Beide TELOS-Tb. zu je 64 S. und je DM 2,80

Bis hierher hat mich Gott gebracht
Gespräche zum Geburtstag – Bestell-Nr. 75044

Jesus, du bist bei mir
Gespräche mit Kranken – Bestell-Nr. 75022

Bitte fragen Sie in Ihrer Buchhandlung nach diesen Büchern!
Oder schreiben Sie an den Hänssler-Verlag, Postfach 12 20, D-7303 Neuhausen-Stuttgart